Christian Schulze

Himalaya & Co.

»Wie viele von uns stellten sich Tanja und Christian Schulze eines Tages die Frage: Soll es das gewesen sein? Bestätigung im Beruf, ein schönes Zuhause, nette Freunde – alles wunderbar. Aber werden wir uns mit 60 nicht vorwerfen, etwas verpasst zu haben? Gibt es da draußen in der weiten Welt nicht mehr zu entdecken? Also wurden Wohnung und Jobs gekündigt, wobei das Wohlwollen der Arbeitgeber und die Hilfe von Freunden Brücken für die Rückkehr öffneten. Ein erster »Probelauf« führte bis nach Kurdistan und zur Erkenntnis, dass man nach acht Wochen des Reisens müde war. Doch nach einem Jahr reifte der Entschluss, den großen Schritt nun doch zu wagen. Was dabei herauskam, beschreibt Christian Schulze jenseits aller Klischees. Eine 15-monatige Reise von Neuseeland zurück nach Europa – voller Erlebnisse und durchaus überraschender Erkenntnisse. Dieses Buch macht Mut, dem großen Traum Taten folgen zu lassen.«

Reiner H. Nitschke
(Herausgeber der Zeitschriften
TOURENFAHRER und MotorradABENTEUER)

Fotos Titel

oben: New South Wales, Südaustralien
unten: Khunjerab-Pass am Karakorum Highway, Pakistan

1. Auflage 2008

Fotos: Christian und Tanja Schulze
Lektorat: Martin Schempp
Gestaltung: Sylva Harasim
Druck und Bindung: Ebner & Spiegel, Ulm

ISBN 978-3-933385-38-3

Christian Schulze

Himalaya & Co.

rukka

Die Motorradreisebücher im
HIGHLIGHTSVERLAG

Inhalt

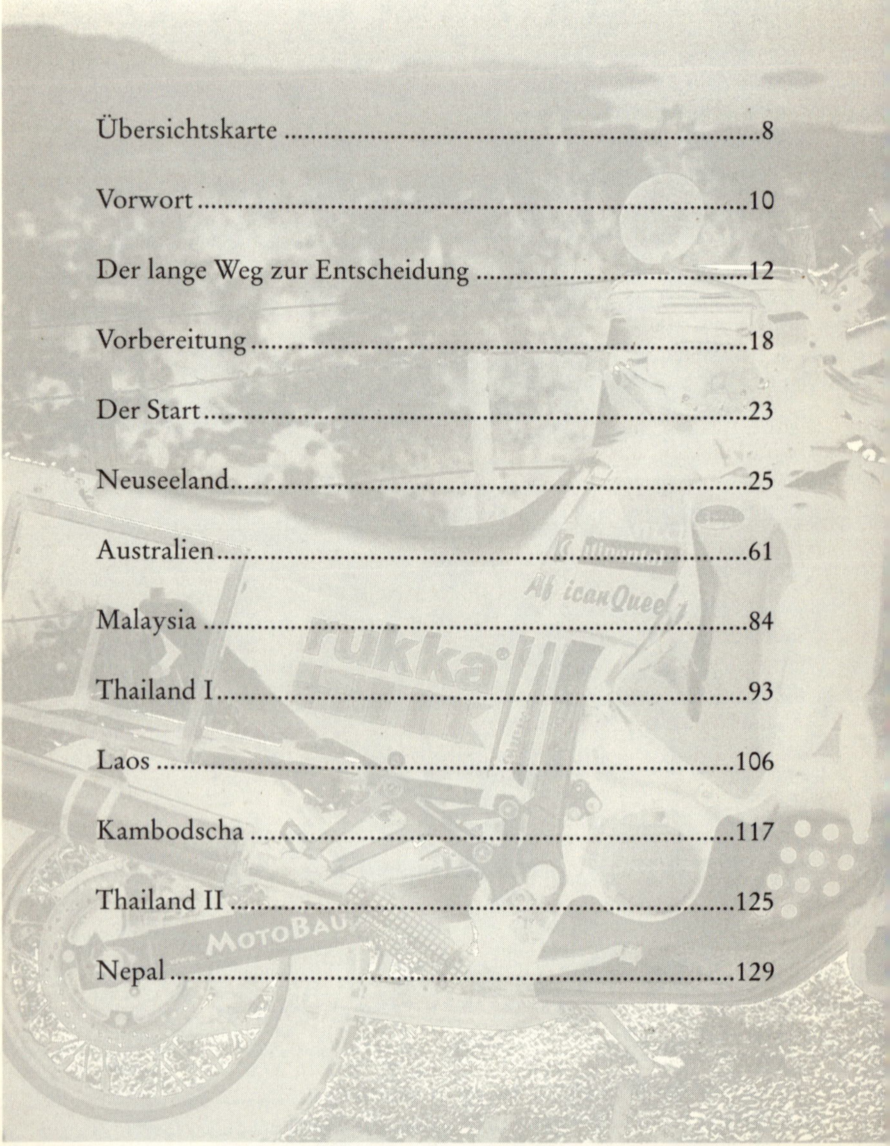

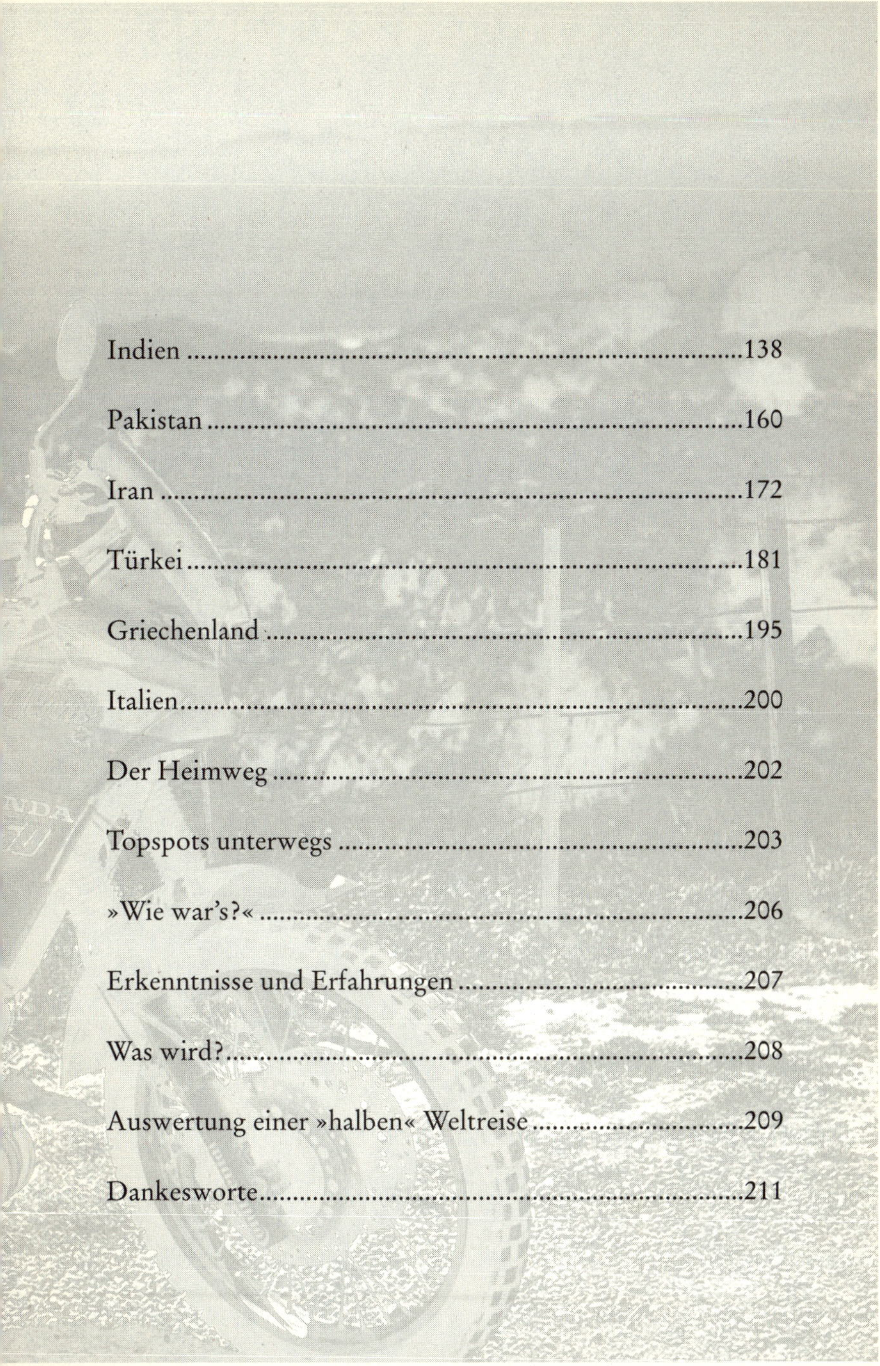

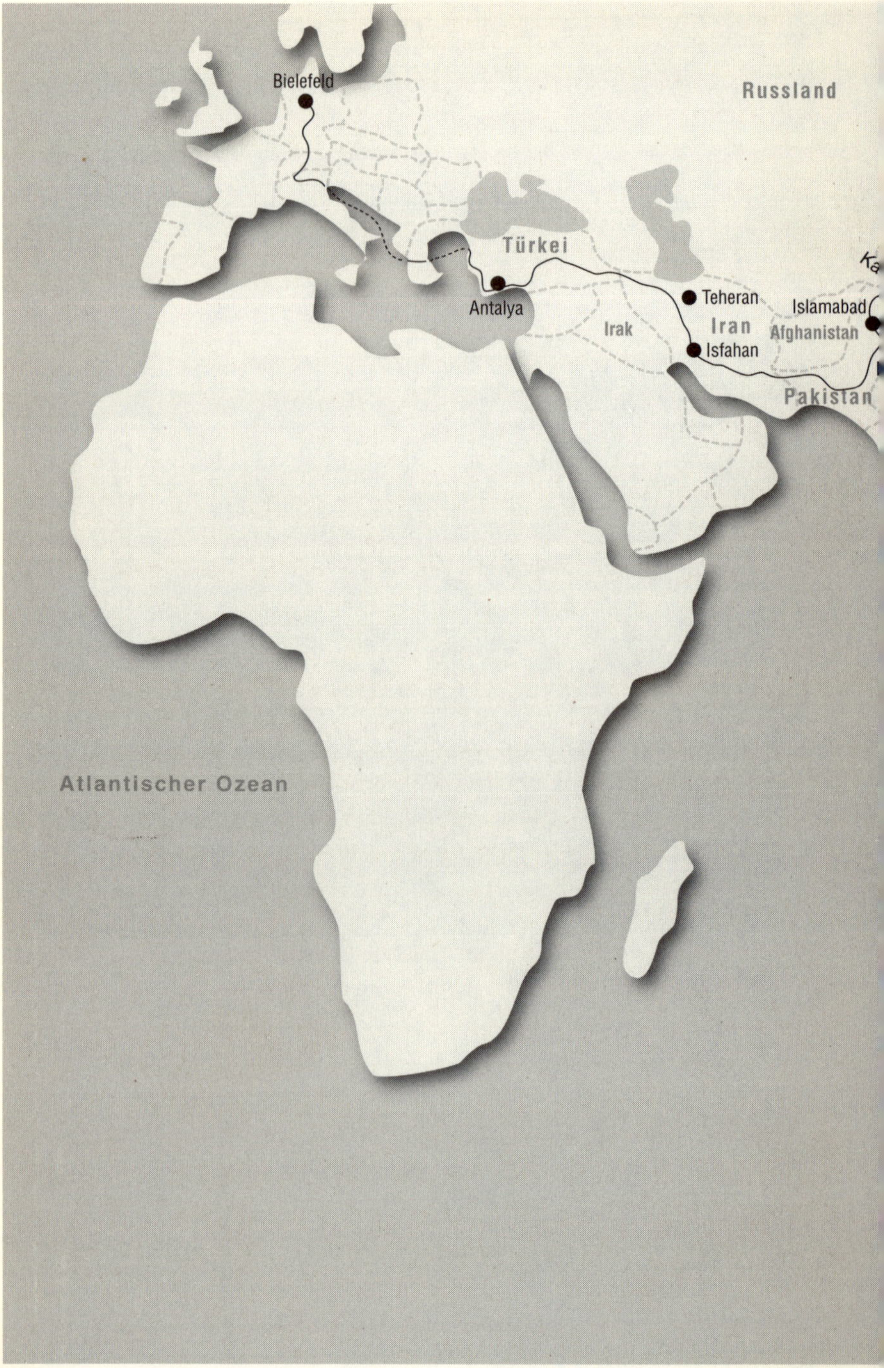

Bielefeld
Russland
Türkei
Antalya
Teheran
Islamabad
Iran
Irak
Afghanistan
Isfahan
Pakistan
Atlantischer Ozean

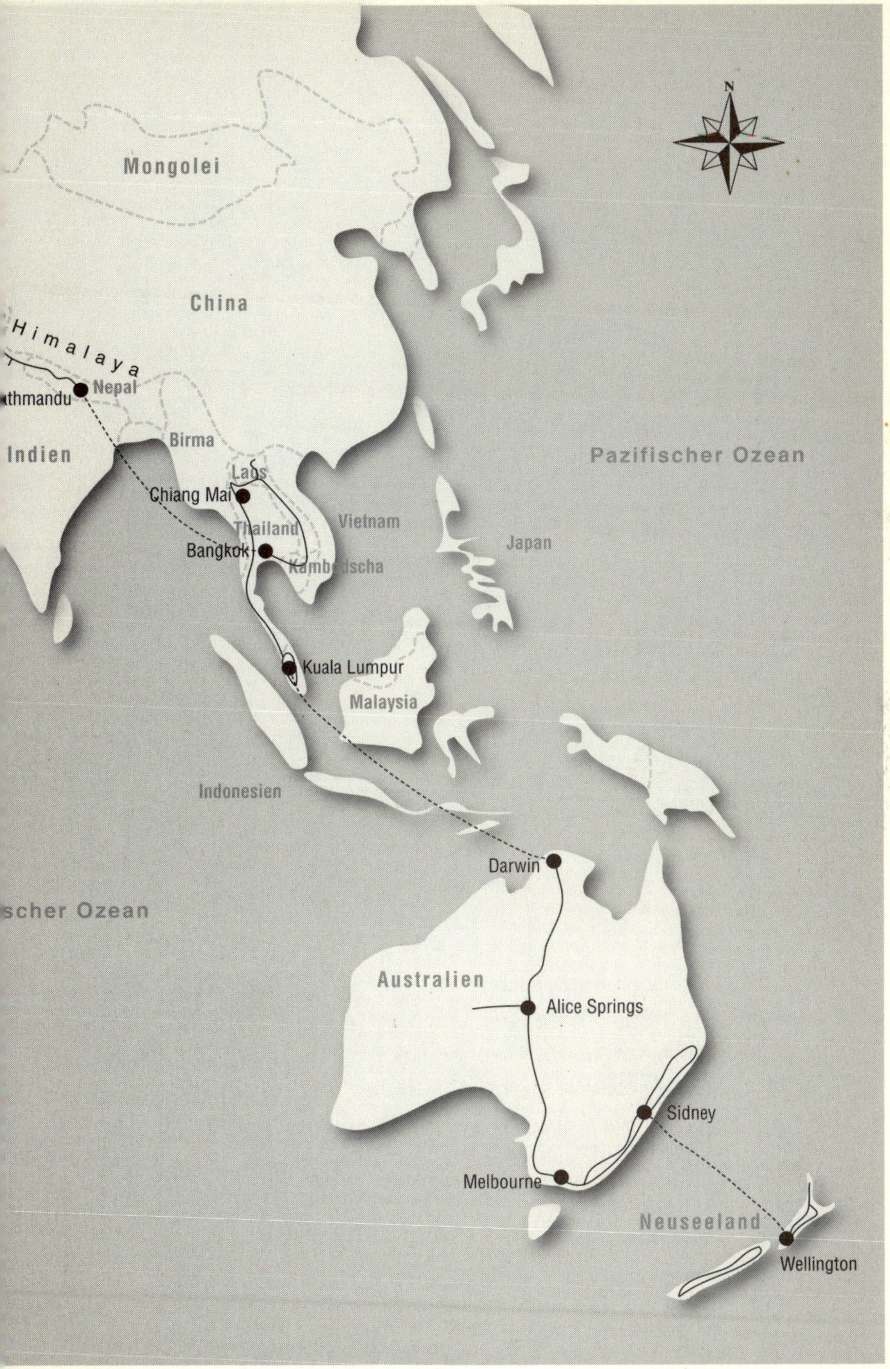
N
Mongolei
China
Himalaya
Nepal
thmandu
Indien
Birma
Laos
Chiang Mai
Thailand
Vietnam
Bangkok
Kambodscha
Japan
Pazifischer Ozean
Kuala Lumpur
Malaysia
Indonesien
Darwin
scher Ozean
Australien
Alice Springs
Sidney
Melbourne
Neuseeland
Wellington

Vorwort

Warum schreibt man ein Motorradreisebuch? Die Frage ist berechtigt. Bei mir war das so: Erstens hatte ich Lust, ein Buch zu schreiben. Den Stoff dafür auch, genügend Zeit ebenfalls. Gute Voraussetzungen also. Natürlich spielte auch etwas Eitelkeit eine Rolle. Ein eigenes Buch – das hat schon was. Darüber hinaus sollte dieses Buch mir verstehen helfen, wie es überhaupt dazu kam, dass wir uns auf den Weg gemacht haben.

Zu vieles sprach eigentlich dagegen. Ich brauche nur rund zehn Jahre zurückdenken. Damals hatte ich noch ein so großes Technikmisstrauen, dass ich es schon als glückliche Fügung des Schicksals ansah, wenn ich ohne Motorschaden von einer Halbtagestour zurückkam. Jede über 50 Kilometer hinausreichende Entfernung vom sicheren heimatlichen Hafen erschien mir als großes unkalkulierbares Wagnis.

Im Wesentlichen war mir die Funktionsweise eines Motors schon klar. Wann und warum sich der oder die Kolben in die eine oder andere Richtung bewegen, was die Nockenwelle und ihre Ventile tun. Doch genau wegen dieses Wissens um die unglaublich schnellen Abläufe innerhalb eines Motors war es mir umso unerklärlicher, warum das alles länger als nur eine kurze Weile funktionieren sollte. Meiner Überzeugung nach musste sich dieses rasende Inferno zwangsläufig selbst zerstören. All diese Vorgänge gleichzeitig, viel zu schnell, zu heiß, zu eng, von zu vielem abhängig.

Dass es Fahrzeuge gab, die trotzdem beachtliche Kilometerleistungen zurücklegten, ohne auseinanderzufallen, war mir zwar bewusst, wurde aber in der Schublade »seltene Glücksfälle« abgelegt.

Ungeachtet der ausgeprägten Technikzweifel kannte ich auch kein Fernweh. Ich verschwendete nicht einen Gedanken daran. Fernreisen mit dem Motorrad? Das war ausschließlich etwas für einzelgängerische, dreitagebärtige, survivalgeübte, nervengestählte Überlebenskünstler, die freiwillig Würmer essen. So dachte ich jahrelang. Trotzdem bin ich losgezogen. Weshalb, habe ich versucht, in diesem Buch zu beschreiben.

Vielleicht trägt es dazu bei, dem einen oder anderen Leser einen kleinen Anstoß zur Verwirklichung seines Traumes zu geben. Das würde mich stolz und froh machen. Ich hätte dann mehr erreicht, als ich zu hoffen wagte.

Ihr Christian Schulze

Der lange Weg zur Entscheidung

Reifeprozess

Fasziniert von motorisierten Zweirädern bin ich schon seit frühesten Mofazeiten. Die Faszination ist ungebrochen, Motorrad fahren ist auch heute noch das mit Abstand wichtigste Hobby. Doch das Reisen mit dem Motorrad war lange Zeit kein Thema.

Es ist deshalb noch gar nicht lange her, dass ich mich in den ersten Motorradurlaub wagte. Zunächst im sicheren Umfeld mehrerer Mitreisender. Schon diese erste richtige Motorradtour war bereits eine großartige Sache. Wir befuhren Tschechien, die Slowakei und Ungarn, und ich genoss die Kurverei durch faszinierende Länder in vollen Zügen. Tagelang, stundenlang dem schönsten Hobby zu frönen und dabei fremde Landschaften an sich vorbeifliegen zu sehen – was kann besser sein? Klar, dass ich in den kommenden Jahren mehr davon wollte.

In dem Maße, in dem ich Vertrauen in die Technik bekam, reduzierte sich nach und nach die Gruppengröße. Noch vier weitere Jahre sollten jedoch ins Land gehen, bevor ich mich das erste Mal, nun schon mit Tanja als Sozia, alleine, oder besser: zu zweit, weg traute. Sicherheitshalber hatten wir zunächst einfach zu bereisende Länder gewählt. Alles klappte, wir hatten eine herrliche Zeit und keine Probleme. Weder mit der Technik noch mit dem Reisen an sich. Nun konnten exotischere Ziele angedacht werden.

Ein Durchbruch war eine Rumänienreise im Jahr 2000.

Vor Antritt meldeten sich zum ersten Mal die so genannten Bedenkenträger zu Wort, die uns aus Sicherheitsgründen davon abrieten – bislang genügte ich mir selbst vollauf in dieser Rolle. Aber auch ohne diese warnenden Stimmen fehlte nicht viel, und ich hätte an der Grenze kehrtgemacht. Die Angst vor dem Unbekannten und die Vorurteile waren dafür beinahe groß genug. Glücklicherweise war die Neugierde auf das bis dahin abenteuerlichste Land unserer Reisekarriere größer.

Das dadurch gewonnene Selbstvertrauen brachte uns weiter. Die Überwindung der Ängste vor der Rumänien-Reise war vermutlich der wichtigste Schritt hin zu einer wirklich großen Reise. Nach diesem Abenteuer war kein Ziel mehr undenkbar.

Traveller-Treffen, Reiseberichte und Diavorträge

Seit der Rumänien-Reise loderte die Abenteuerlust in mir, der Reisevirus hatte mich erwischt. Berichte anderer Motorradreisender, ob in Büchern oder Zeitschriften, wurden geradezu aufgesogen und heizten die Reiselust noch mehr an.

So kam die Idee, ein Motorradreise-Treffen zu besuchen, von ganz alleine. Außerdem hatte ich nach Rumänien auch ein wenig das Gefühl, nun zum »erlauchten« Kreis der Windgesichter zu gehören. Motorrad fahren in Ländern, in die kaum jemand unserer Bekannten freiwillig einen Fuß setzen würde, im Fall der Fälle auf sich allein gestellt zu sein, Sprachbarrieren kreativ überwinden zu müssen – ja doch, ich fühlte mich bereits als verwegener Desperado.

Diavorträge taten ihr Übriges. Auch die Träume, das eigene Motorrad einmal auf solchen Bildern zu sehen, waren sehr angenehm.

Das in Belgien stattfindende Tesch-Traveller-Treffen besuchte ich seitdem fast jedes Jahr. Das Markentreffen der

Africa-Twin-Freunde und das Motorrad-Reise-Treffen MRT ebenfalls. Diese Veranstaltungen sorgten für erhöhtes Reisefieber und unterstützten, wenn nicht sogar maßgeblich, dann doch zum Teil, die Entscheidung für eine weite Reise und gegen den inneren Schweinehund.

Lebensplan

Was wollen wir eigentlich vom Leben? Wo soll es hingehen? Auto? Haus? Karriere? Auswandern? Reisen? Wie wollen wir in 30 Jahren dastehen?

Fragen, die wir uns immer wieder ganz bewusst stellen und nicht selten nächtelang diskutieren. Hauptmotivation ist die gruselige Vorstellung, im Rentenalter feststellen zu müssen, dass man eigentlich immer etwas ganz anderes wollte. Das soll uns nicht passieren. Deswegen war und ist der Lebensplan immer wieder ein Thema für uns.

Bisher hat sich am Ziel nichts geändert: Wir wollen gemeinsam ein Leben gestalten, in dem viel Freizeit, Entscheidungsfreiheit und Lebensqualität im Hier und Jetzt möglich ist. Ein dickes Bankkonto in 20, 30 oder noch mehr Jahren ist zwar auch eine schöne Perspektive, aber allzu abstrakt. Der notwendige Verzicht auf Lebensqualität in unseren wahrscheinlich besten Jahren erscheint uns als ein zu hoher Preis dafür.

Probelauf

Da es sich abzeichnete, dass das Motorradreisen ein Schwerpunkt unseres künftigen Lebens werden könnte, sollte ein ultimativer Test für Klarheit sorgen. Wir entschieden uns für eine dreimonatige Reise. Sie sollte uns quer durch den Balkan, die Türkei bis in den Iran führen.

Dadurch konnten wir vieles ausprobieren: Wie geht das mit dem Carnet de Passages? Wie nervig ist der Papierkrieg, wenn wir mehrere Grenzen queren müssen? Wie fühlt sich das an, ein ganzes Vierteljahr von zu Hause fort zu sein? Wie verhält sich die Technik auf den vielen tausend Kilometern? Wir realistisch ist unsere Finanzplanung? Kommen wir mit unserer Hochrechnung hin?

Die Reise war nicht so fern und so lang, dass wir wirklich große Probleme zu knacken hatten. Mit geschickter Urlaubsplanung und gezieltem Überstundenaufbau konnten wir uns sogar bei voller Bezahlung drei Monate freischaufeln. So gesehen, einfach nur ein ausgesprochen langer Jahresurlaub.

Bis ins tiefste Kurdistan kamen wir gut durch und hatten die bislang spannendste und schönste Reise. Doch kurze Zeit später mussten wir uns eingestehen, dass wir eigentlich wieder zurück wollten. Wir waren nach acht Wochen Unterwegssein des Reisens müde.

Direkt nach Hause zog es uns nicht, Heimweh verspürte keiner, eher dürsteten wir nach Bekanntem. Wir wollten wieder verstanden werden, wollten deutsches Essen, richtigen Kaffee, Brötchen. Hatten genug von durchgelegenen Betten in schäbigen Hotelzimmern. So schwärmten wir von Österreich und befanden uns schon bald auf dem Weg dorthin.

Schließlich kamen wir nach zehn von zwölf möglichen Wochen wieder zu Hause an und stellten fest, dass sechs Wochen völlig gereicht hätten. Waren Langzeitreisen also doch nicht unser Ding?

Tja, ... was nun? Die Reise war zwar sehr schön, interessant, spannend gewesen und hatte Spaß gemacht. Wir genossen die orientalische Welt, sahen tolle Landschaften, hatten keinerlei technische Probleme, und doch zog es uns zurück in heimatliche Gefilde. Mit so einem Ausgang hatten wir nun überhaupt nicht gerechnet.

Man muss es nicht verstehen – wir selbst konnten es

ebenso wenig –, warum wir schon im nächsten Jahr trotzdem anfingen, die große Auszeit zu planen. Vielleicht war es der menschliche Hang, Schlechtes zu verdrängen und Gutes zu bewahren? Oder die großformatigen Reisebilder, die unsere Wohnung pflasterten?

Quintessenz: Eine große Reise kann man nicht probieren. Man muss sie machen – oder nicht.

Innerer Schweinehund

Als wir trotz des überraschenden Ausgangs unseres Testlaufs wieder begannen, von der einen wirklich großen Reise zu phantasieren, meldete sich der Spielverderber eifrig zu Wort. Und machte uns fortan das Leben schwer. Eines seiner stärksten Argumente war die Aufgabe der Wohnung. Denn die war hübsch, riesengroß, und wir hatten reichlich in sie investiert. Sollten wir sie nun einfach so aufgeben?

Was war mit den Jobs? Beide fühlten wir uns wohl, verdienten genug, hatten es nicht weit zur Arbeit. Sollten wir einfach kündigen? Und das in der heutigen wirtschaftlich angespannten Zeit? Was war mit unserem Hund? Wie könnten wir ihn so lange in fremden Händen lassen? Und wer würde ihn überhaupt so lange nehmen?

All die schönen Dinge aufgeben, für die wir so lange gearbeitet und gespart hatten? Die Motorräder, die Wohnungseinrichtung, das beruhigende Guthaben auf der Bank? Sollte die Reise das alles wert sein? Fragen, die den Kopf nächtelang beschäftigen können.

Hier erwies sich das häufige Besprechen unserer Lebenssituation, unserer Wünsche und Ziele als großer Vorteil. Denn so war schnell klar, dass wir beide auf der Suche nach irgendwas Neuem waren, das mehr Spaß und Abenteuer ins Leben bringen sollte. An neue Partner dachten wir dabei nicht. Eher daran, gemeinsam für mehr »Action« zu sorgen.

Wir führten ein abgesichertes, bequemes, etwas eingerostetes Leben. Die Zeit der Ausbildung und der beruflichen Orientierung war passé, sattelfest saßen wir längst auf guten Jobs. Große Anschaffungswünsche bestanden nicht mehr. Autos brauchten wir nicht, die Motorräder waren frisch, zwei bis drei Urlaube im Jahr immer drin. Alles sehr schön, aber eben auch ein wenig träge, langweilig und vorhersehbar. Viele Abende haben wir immer wieder die gleichen Fragen durchgekaut. Um uns irgendwann mit weichen Knien zur Reise zu entschließen und damit den inneren Schweinehund zu besiegen.

Motivation

Die Motivation war und ist für uns die pure Lust am Motorradreisen. Reisen nur um des Reisens Willen, wegen Fernweh, fremden Kulturen und exotischen Landschaften? Nein. Das alles würde nicht annähernd reichen, um uns aus der heimatlichen Bequemlichkeit zu locken. Erst die Verbindung von Motorrad und Reisen, das ist es, was unser Herz schneller schlagen lässt und dieses seltsame Bauchgefühl – Fernweh wird es genannt – auslöst.

Die Vorbereitung

Ist der Kampf gegen den inneren Schweinehund erst gewonnen und die Entscheidung zugunsten der Reise gefallen, wird die Vorbereitung zum Kinderspiel. Denn egal wie es kommt und wie viele Hürden zu überwinden sind – man weiß zu jedem Zeitpunkt, dass man losfahren wird. Definitiv. Das schafft Gelassenheit. Mehr noch. Wir haben die Vorbereitungszeit regelrecht genossen, denn jeder Schritt brachte uns dem Ziel, dem heiß ersehnten Aufbruch, ein bisschen näher. Insgesamt waren wir zwei Jahre mit den Vorbereitungen beschäftigt.

Termin

Zuallererst haben wir uns einen festen Termin gesetzt. Erst dann war es möglich, den Resturlaub in die Reise einfließen zu lassen, Flüge zu buchen, Verträge und Verpflichtungen fristgerecht zu kündigen, bzw. zu beenden. Unser Starttermin im September war eine gute Mischung vieler Vor,- und nur weniger Nachteile. In Neuseeland herrscht dann Frühlingsbeginn, es war ein noch akzeptabler Zeitpunkt, um hier in Deutschland die Motorräder zu verkaufen, und auch unsere Arbeitgeber waren damit einverstanden, denn so waren wir im Sommer zur Haupturlaubszeit kräftig am malochen.

Arbeit

Der Termin mit unseren Arbeitgebern war der Gang nach Canossa. Was würden sie sagen? Würden sie uns die Kündigung nahe legen? Würde es Mittel und Wege geben, um wieder eingestellt zu werden? Womöglich mit einer schriftlichen Abmachung?

Wieder war die Sicherheit, dass wir die Reise auf jeden Fall unternehmen würden, von großem Vorteil. Im schlechtesten Fall müssten wir kündigen und wären später erst mal arbeitslos. Das war klar. Die Gespräche verliefen jedoch besser als erwartet. Tanja musste zwar kündigen, konnte aber eine feste Zusage auf Wiedereinstellung aushandeln. Ich wurde beurlaubt, ein fester Termin zum Arbeitsbeginn vertraglich festgelegt. Mit so viel Verständnis hatten wir nicht gerechnet.

Geld

Zunächst versuchten wir eine möglichst realistische Einschätzung unseres Geldbedarfs zu ermitteln. Das war gar nicht so einfach, selbst im Internet gab es darüber nicht viele Infos. Aus Gesprächen mit anderen Motorrad-Langzeitreisenden, eigenen Mutmaßungen und Hochrechnungen ermittelten wir schließlich eine Summe von mindestens 30.000 Euro, die ausreichend sein sollte.

Durch Auflösung unserer Rücklagen, den Verkauf der Motorräder (meiner BMW und Tanjas Suzuki GN 250), dem teilweisen Verkauf des Haushalts, des Umzugs in eine günstigere Wohnung und intensivem Ansparen bekamen wir diese Summe bis zum Start zusammen. Auch die Unterstützung durch verschiedene Motorrad-Zubehörfirmen war sehr hilfreich und ersparte uns so manche Ausgabe.

Wohnung/Hund

Unsere Wohnung mussten wir leider aufgeben, da die geplante befristete Untervermietung vom Eigentümer nicht genehmigt wurde. Zwei Monate vor Reisebeginn konnten wir jedoch eine Wohnung im Haus eines Freundes beziehen und mit unseren Möbeln vollstellen. Bis zu unserer Rückkehr vereinbarten wir eine Miete von monatlich 200 Euro, danach wieder die übliche Miete.

Püppi, unser Jack-Russell-Terrier, kam bei meiner Schwiegermutter unter. Hunde sind in ihrer Wohnung zwar eigentlich nicht erlaubt, dem quirligen Charme von Püppi konnte der Hausverwalter jedoch nichts entgegensetzen.

Motorrad

Für Tanja stand von vornherein fest, dass sie nicht selbst fahren wollte. Daher mussten wir uns nach einem Motorrad umschauen, das zwei Reisende nebst Gepäck noch kommod durch die Länder bewegen kann.

Unsere Entscheidung zum Kauf einer älteren Honda Africa Twin und gegen unsere eigene BMW 1150 GS fiel aus mehreren Gründen: Ich habe schon zwei Africa Twins besessen und kenne daher die Technik ganz gut. Besonders das alte Modell RD04 bietet im Gelände mehr Reserven und Bodenfreiheit als die populäre, aber viel zahmere BMW.

Durch die geringe Verdichtung und serienmäßige Doppelzündung ist die Honda besonders unempfindlich gegenüber schlechtem niederoktanigem Benzin. Wichtig für Südostasien, Indien und Zentralasien.

Unsere BMW 1150 GS brachte im Verkauf noch viel Geld ein. Die Differenz kam unserem Reisebudget zugute. Die BMW hat einige Baugruppen, die im Schadensfall von mir nicht ohne weiteres repariert werden können (Kupplung, Kardan, Elektronik). Nicht zuletzt fielen noch satte 20 Kilogramm Gewichtsvorteil für die Africa Twin in die Waagschale.

Reisetauglichkeit

Wir haben die zum Kaufzeitpunkt 14 Jahre alte Africa Twin ganz bewusst schon ein Jahr vor Reisebeginn erworben, um sie in aller Ruhe auf die enorme Dauerbelastung abzustimmen und sie von Grund auf penibel durchzuchecken sowie für unsere Bedürfnisse zu optimieren.

Als die Basis stimmte, konnten wir uns um die Gepäckunterbringung kümmern. Wichtigstes Augenmerk galt den großen Alukisten. Um diese so eng und schwerpunktnah wie möglich anzubringen, musste das Heck massiv umgebaut werden. Zugleich durften die Kisten Tanja aber auch nicht allzu sehr einengen. Millimeterarbeit war gefragt.

An der Front gestaltete es sich einfacher: Ein Enduro-Tankrucksack mit Seitentaschen auf den Tank gepackt, an den Motorschutz ein Regenrohr montiert, das als wasserdichte Werkzeugrolle fungiert. Fertig.

Gepäck

So wenig wie möglich, so viel wie nötig. Ja, ja, schon klar, tausendmal gehört. Nur: Wie viel ist denn nun nötig?

Schaut man sich zehn Reisemotorräder an, wird man zehn Interpretationen des gleichen Themas finden. Das ist auch ganz richtig so, denn es kommt schließlich darauf an, wie man reist und wie viel Ausrüstung Mann/Frau braucht, um sich dauerhaft wohl zu fühlen. Wir meinen: Besser mit viel Gepäck beschwerlich, aber glücklich und zufrieden reisen, als den Minimalistenrekord zu brechen, dafür aber keine Nacht entspannt schlafen zu können, da die Ultralight-Matratze leider auch ultra unkomfortabel ist.

Unsere Lösung:
Werkzeug- und Ersatzteil-Rolle am Motorschutz (6 kg)
Ein Tankrucksack (3 kg)
Zwei Tankrucksack-Seitentaschen (je 4 kg)
Zwei Alukisten zu je 51 Liter (9 kg, bzw. 8 kg)
Eine Packrolle (15 kg) auf dem Gepäckträger

Unterstützung

Die monatelange Suche nach Unterstützung durch Firmen aus der Motorradbranche war zwar langwierig, aber längst nicht so frustrierend, wie uns so oft prophezeit wurde. Ganz im Gegenteil: Häufig trafen wir auf erstaunliche Begeisterung für »unseren großen Traum«, einige Unternehmen griffen uns großzügig unter die Arme.

Der Start

Halb drei Uhr morgens. Lärm. Nachdem ich die Augen mit viel Mühe einen Millimeter aufgesperrt habe, erkenne ich die Ursache: Der Wecker klingelt. Die nächste Erkenntnis folgt auf dem Fuß: Du reist heute ab, es ist soweit. In einer Stunde sitzt du im Auto deines besten Freundes Thomas, der dich und Tanja zum Frankfurter Flughafen bringen wird. Jetzt gilt es. Gänsehaut, der Muskeltonus schnellt in die Höhe, der Magen versucht einen ersten Salto. Ja doch, Aufregung ist ein prima Wachmacher.

Fünf schweigsame, betretene Stunden später erreichen wir den Flughafen. Kommunikation ist zu einem Minenfeld geworden, überall lauern Fettnäpfe, Tränenauslöser und belegte Stimmen. Besser man hält sich bedeckt. Was muss ich in Sichtweite des Flughafens feststellen? Die Aufregung verstärkt sich erneut, jetzt werden sogar die Knie weich. Muss man sich denn so beschissen fühlen, wenn man sich einen Traum erfüllt, endlich das tut, was einem seit Jahren im Kopf herumspukt?

Natürlich lassen sich die Tränen bei der finalen Umarmung nicht mehr zurückhalten. Dass ich Thomas nach 16 Jahren Männerfreundschaft das erste Mal weinen sehe, macht die Sache auch nicht einfacher. Staksigen Schrittes und triefenden Auges winken wir uns in die Ferne.

Flug Nummer eins. Garuda Indonesian Airline, Frankfurt – Kuala Lumpur/Malaysia, acht lange Stunden Aufenthalt, dann weiter nach Indonesien, nach Jakarta. Dort ist es heiß und schwül. Wir sind spät dran, keuchend rennen wir zum Abfertigungsschalter am anderen Ende des Flughafens, wo schon ein aufgeregter Indonese wartet, der unablässig mit schriller Stimme unsere Namen ausruft. Interessant: Seine Aussprache des Wortes »Schulze« lässt verschiedene Interpretationen zu.

Die dringend notwendige rasche Abfertigung gestaltet sich schwierig, da ein – für uns überflüssiges – Rückflugticket nach Deutschland fehlt. Und ohne ein solches, und erst recht nicht ohne Visum für Australien, wollen uns die Indonesier nicht weiterreisen lassen. Der Grund: Ihre Fluglinie könnte dafür eine saftige Strafe kassieren. Also muss zunächst online eine Visumanfrage in Australien gestellt werden. Weder die vorsintflutlichen Computer noch deren Bediener lassen Hoffnung auf eine zügige Bearbeitung aufkommen. Auch die Aussage, die Visumzusage – wenn sie denn erteilt werde – könne schon mal bis zu einer Stunde dauern, beruhigt nicht gerade unsere Jetlag-geschädigten Nerven.

Die Zeit rennt dahin. Wir können nur hoffen, dass der Flieger auf uns wartet. Tut er das nicht, haben wir ein Problem. Als nach mehreren Fehlversuchen – Namen vertauscht, Zahlendreher – endlich grünes Licht kommt, rasen wir weiter zur Check-In Zone, um dort festzustellen, das die Maschine erst in einer Stunde landen wird. Wie bitte? Des Rätsels Lösung: Wir haben die immensen Zeitverschiebungen nicht berücksichtigt. Warum wir bei der Ankunft allerdings so verzweifelt ausgerufen wurden, bleibt ein Geheimnis. Oder haben die Indonesier ebenfalls ein Problem mit der Zeitverschiebung?

Neuseeland

Landung in Auckland. Ohne Einreisevisum. Nach der Erfahrung in Jakarta rechnen wir mit erheblichen Problemen mit dem neuseeländischen Zoll. Doch die australische Visumzusage ist für den »kleinen Bruder« Neuseeland ausreichend, und so gestaltet sich die Einreise einfacher als erwartet. Nach ein wenig holperigem Smalltalk mit der Schalterbeamtin, was mit dem seit Jahren brachliegenden Schulenglisch nicht ganz so einfach ist, knallt sie uns lächelnd ein kostenloses Dreimonatsvisum in die Reisepässe. Fertig.

Endlich da. Angekommen. Knapp 60 Stunden oder zweieinhalb Tage verbrachten wir in Flugzeugen und auf Flughäfen. Mit einem Taxi lassen wir uns zum flughafennahen Weingut Villa Maria chauffieren, wo Bernd Häusler arbeitet. Der Schwabe bereitete seine Neuseeland-Reise zur gleichen Zeit vor wie wir, und seitdem stehen wir mit ihm in E-Mail-Kontakt. Jetzt lernen wir uns endlich persönlich kennen.

Erste Gespräche mit den Empfangsdamen des mehrfach prämierten Weingutes lassen bezüglich Neuseeland Gutes ahnen, denn die Freundlichkeit dieser Leute ist beeindrukkend. Als wären wir alte Freunde des Hauses und nicht übernächtigte Traveller, die sich seit drei Tagen nicht mehr gewaschen haben, werden wir auf eine Weinprobe eingeladen. Als wir diese angesichts unserer desolaten körperlichen Verfassung ablehnen, werden wir stattdessen mit Tee und köstlichen Cookies abgefüttert. Schließlich erscheint Bernd in rustikaler Gärtnermontur und heißt uns herzlich willkommen. Zwei Monate Neuseeland hat er uns voraus.

Wir wohnen bei Bernd in einem schönen verwinkelten Holzhaus am Hang in einem ruhigen Vorort von Auckland. Es gehört Alyson, Bernds Englischlehrerin. Alyson ist weltoffen und hat Spaß daran, neue Menschen kennen zu lernen. So ermöglicht sie seit einigen Jahren jeweils ein bis zwei Kursteilnehmern ihres Englischunterrichts, gegen geringes Entgelt bei ihr zu wohnen. Ein echter Glückstreffer, denn so ganz nebenbei sind wir am perfekten Platz gelandet, um unsere rudimentären Englischkenntnisse zu verbessern.

Nachdem sich das Jetlag ein paar Tage später weitgehend verabschiedet hat, steht der Inspektionstermin der strengen MAF, des neuseeländischen Forst- und Agrarministeriums, an. Dort wird unser Motorrad, das wir per Schiff vorausgeschickt haben, auf eingeschleppte Erreger, enthalten in Dreck und Schmutz, gecheckt. Der Kontrolleur ist locker drauf und mehr an unseren Reiseplänen als am Check des Motorrades interessiert. Er hebt den Deckel der Kiste an, vergleicht die Chassisnummer und sieht nach, ob Dreck unter dem Heck der Twin klebt. Die Twin ist sauber, und eine Viertelstunde später halten wir das Formular mit dem wunderschönen Stempel »Cleared« in Händen.

Dann besuchen wir das Customs House, das Zollamt, und lassen das Carnet de Passages abstempeln. Danach einfach losfahren? Nein, es bedarf noch eines Transportfahrzeuges, um die Kiste mit dem Motorrad abzutransportieren. Sie darf nämlich keinesfalls in oder nahe der Lagerhalle geöffnet werden. Das ist uns eigentlich ganz recht, da wir die Kiste ein weiteres Mal benutzen möchten, um später damit nach Australien zu verschiffen.

Und so geschieht es, dass wir Martyn Frier kennen lernen. Er arbeitet als Lagerchef in dem Güterdepot, von dem aus alles Weitere organisiert werden muss. Martyn bietet uns an, die Kiste samt Maschine für sechzig Dollar, etwa 33 Euro, zu seinem Freund Kerry zu transportieren, der ein Motorradgeschäft in Auckland betreibt. Dort können wir das Motorrad in aller Ruhe zusammenbauen und die leere Kiste samt Ersatzreifen für einen Sixpack Bier ein paar Monate deponieren. Klasse, wieder Glück gehabt.

Um die notwendigen Papiere und Termine zu organisieren, mieten wir ein Auto. Auckland ist nämlich flächenmäßig eine der größten Städte der Welt. Auf diese Weise können wir uns gleich an den Linksverkehr gewöhnen. Die armen Radkappen des Autos müssen ganz schön leiden, bevor wir die neuartige Abstandsschätzung nach links einigermaßen verinnerlicht haben. Sehr gewöhnungsbedürftig ist das Schalten mit der linken und das Blinken mit der rechten Hand. Zwanzig Jahre Autofahren in Deutschland haben sich eben tief in die Festplatte gebrannt.

Martyns Freund Kerry ist ein überaus gut gelaunter Kiwi mit heftigem Slang. Er redet außerdem sehr flott, und wir verstehen nur die Hälfte. So gestaltet sich die Unterhaltung zwar nicht ganz leicht, dafür enorm spannend, denn Kerry hat schon viele interessante Dinge erlebt. Drei Jahre lang begleitete er die Rallye Paris-Dakar als Rennmechaniker, und vor noch nicht allzu langer Zeit beendete er eine vierjährige Motorradweltreise. Ganz selbstverständlich lagert er die zerlegte Kiste und diverse andere Dinge unbefristet für uns ein. Geld will er dafür nicht, auch nicht für den in aller Eile angefertigten Vorderachs-Distanzhalter. Das Originalteil hat auf dem Transport irgendwie den Weg in die Freiheit gefunden. Nachdem alles zusammengebaut ist, springt die Africa Twin nach kaum zwei Kurbelwellenumdrehungen prompt an. Neuseeland, here we come.

Die Nordinsel

Was für ein viel, viel besseres Gefühl ist es doch, mit dem eigenen Motorrad über die berühmte Harbour Bridge zu fahren. Unser erstes Etappenziel im Norden heißt Pakiri Beach und liegt an der Ostküste von Northland oben auf der Nordinsel. Der Verkehr lässt schlagartig nach, sobald Aucklands Stadtgrenzen passiert sind, der Highway 1 wird schon bald zu einem kurvigen zweispurigen Überlandsträßchen erster Güte. Ständig geht es auf und ab, immer wieder erhaschen wir phantastische Aussichten auf die Küste. Zum Schluss verwandelt sich die Straße in eine schöne, fein geschotterte »Gravelroad«, bevor wir auf einem Campingplatz am Meer stoppen.

Dort mieten wir uns eine so genannte »Cabin«. Das sind mehr oder weniger komfortabel eingerichtete, frei stehende Häuschen auf Campingplätzen, quasi die immobile Version eines Wohnwagens. Samt richtigen Betten, eigener Küche und Badezimmer. Sie bieten Komfort und sind vor allem wesentlich günstiger als das einfachste Hotel, jedoch nicht viel teurer als ein Zeltplatz. Gerade bei dem typisch unbeständigen neuseeländischen Wetter eine gute Wahl. Praktischerweise hat der Campingkiosk alle notwendigen Lebensmittel parat, um uns fürs Erste einzudecken.

Der frühe Stopp ist wichtig, um erst einmal die Tatsache ins Bewusstsein zu bekommen, das wir nun wirklich und wahrhaftig mit dem Reisen beginnen können. Die Tage in Auckland waren nervig und im Grunde nur ein fieberhaftes Warten auf den erlösenden Startschuss.

Zwei Tage bleiben wir, um in aller Ruhe den menschenleeren Strand zu erkunden und um einfach runter-, oder besser gesagt: anzukommen. Außerdem müssen wir das Gepäck anders verteilen, denn wir sind deutlich zu hecklastig, was sich in einem tänzelnden Vorderrad bemerkbar macht. Auch der neue Distanzhalter ist noch nicht perfekt, und wir lassen ihn in einem Dörfchen namens Warkworth beim Traktorservice ein Stück abdrehen.

Die nächste Etappe führt uns von Pakiri Beach zum fjordartigen Hokianga Harbour an der Westküste. Vermutlich geht es erneut durch beeindruckend schöne Landschaften, doch es bleibt bei der Vermutung – der Regen ist so stark, dass unsere Aufmerksamkeit der Straße gilt.

Die kleine Fähre legt gerade an, als wir im Hokianga Harbour ankommen. Binnen zehn Minuten überquert der Kahn den Wasserarm nach Kohukohu. In dem Örtchen mieten wir uns im »Tree House« ein, einer der schönsten Backpacker-Unterkünfte Neuseelands. Die australischen Eigentümer haben das weitläufige Holzhaus mit seinen zahlreichen Nebengebäuden liebevoll angelegt. Es gibt eine große Gemeinschaftsküche, reisgefüllte Sitzsäcke überall, Windspiele und allerlei Meditations- und Entspannungsangebote. Obwohl wir keine ausgesprochenen Freunde des »alternativen« Lebensweges sind, fühlen wir uns sehr wohl, denn man wird zu nichts gezwungen und kann herrlich entspannen.

Wir wohnen in einem idyllischen Häuschen, das auf Stelzen an einem Teich steht. Es ist mit 60 Dollar, ca. 33 Euro, pro Nacht zwar relativ teuer, doch der tropische Garten mit nie gesehenen exotischen Bäumen entschädigt für den Preis. In Neuseeland sind 90 Prozent aller Pflanzen endemisch, kommen also nur hier vor. So erklärt sich beispielsweise, dass der Bambus fünf Meter hoch steht und der Farn quadratmetergroß im Baumformat heranwächst. Für uns Europäer wirkt diese überbordende Fauna surreal. Zumal es hier im hohen Norden ganz und gar nicht tropisch heiß, sondern eher frisch ist. Sehr eigenartig.

Das neuseelandweit bekannte Haus ist ein guter Standort,

um alle Attraktionen Northlands zu erreichen. Wir ziehen es jedoch erst einmal vor, die Annehmlichkeiten des »Tree House« weiter auszukosten. Das Wetter ist nämlich immer noch miserabel. Halbstündlich gießt es. In den Trockenphasen versuchen wir uns am hauseigenen Tree-Trail und sind beeindruckt: Ein schmaler Pfad führt hinter dem Haus in die Hügel hinein mitten durch riesige Farnbäume und verschiedene Palmenarten, die hier dicht an dicht stehen.

Nach zwei Tagen Dauerregen scheint wieder die Sonne. Ein Ausflug steht an. Wir queren erneut den Hokianga Harbour per Fähre und folgen dem so genannten Highway 12 südwärts. So genannt, weil er keinerlei Ähnlichkeit mit unserer Vorstellung eines Highways hat, dafür ist er viel zu schön, viel zu kurvig und viel zu verkehrsarm. Kurz: der Traum eines jeden Motorradfahrers.

Opononi und Omapere sind Provinzdörfchen, die malerisch am Ufer des Hokianga Harbour liegen. Weiter südlich kommt der Waipoura Forest in Sicht und mit ihm die ersten riesigen, urweltlichen Kauribäume. Per Fußmarsch geht es zum größten Kauribaum Neuseelands. Der von den Ureinwohnern als »Tane Mahuta« bezeichnete Gigant hat eine Höhe von mehr als fünfzig Metern und beeindruckt durch seinen pfeilgeraden Wuchs und seinen außergewöhnlich großen Umfang. Sein Alter wird auf mehr als 2.000 Jahre geschätzt. Heute steht nur noch ein Prozent des ursprünglichen Kauribestandes. Das ganz langsam wachsende Holz ist extrem hart und wurde deshalb leider von den englischen Schiffsbauern sehr geschätzt.

Tags darauf die Wahl: das kuschelige, aber teure »Tree House« verlassen und in Richtung Cape Reinga aufbrechen oder vorsichtshalber noch einen Tag warten? Das Wetter ist alles, nur nicht stabil. Dicke Regenwolken jagen mit Sturmtempo übers Haus, die Wettervorhersage möchte sich nicht festlegen.

Erstmals wird uns klar, welchen Luxus eine so simple Überlegung darstellt. So unglaublich viel Zeit zu haben, sich einfach die Freiheit herausnehmen zu können, einen oder mehrere Tage lang das Wetter auszusitzen. Auch haben wir bereits den Überblick über die Wochentage verloren, obwohl wir noch keine drei Wochen unterwegs sind. Ohne Verpflichtungen und Termine ist es komplett egal, ob Dienstag oder Donnerstag ist.

Nach einem typischen Backpacker-Frühstück mit Müsli, Tee, Toast und Orangensaft entscheiden wir uns für den Aufbruch. Es regnet zwar immer mal wieder, doch sind die Regenphasen nur kurz, und in den viel längeren Trockenphasen werden unsere Montur und die Straße durch die steife Brise schnell trocken geblasen.

Der berühmte Ninety Mile Beach an der Westküste liegt auf dem Weg und gehört zu den ganz großen Highlights jeder Nordinsel-Tour. Wo gibt es sonst die Möglichkeit, ganz legal eine aus Sandstrand bestehende »Landstraße« mit einem großzügigen Speedlimit von 100 km/h zu befahren? Als wir ankommen, herrscht gerade Ebbe. Das passt, denn nur dann ist der Strand gefahrlos zu befahren. Was für ein Gefühl, so nahe an der Wasserlinie entlangzubrausen. Paris-Dakar lässt grüßen. Der Verkehr ist gleich null, der flache Strand enorm breit. So hat man die Weite für sich alleine.

Das Northland ist eine der sparsamst bewohnten Gegenden Neuseelands. Und das will etwas heißen. Denn insgesamt leben nur vier Millionen Menschen auf den beiden neuseeländischen Inseln, die zusammen etwa die Fläche Deutschlands haben. Auf der Fahrt über die schmale, lange Aupouri Halbinsel nordwärts sehen wir über weite Strecken nur Weiden mit Schafen und Kühen. Sonst nichts. Vor allem keine menschlichen Wesen.

In Pukenui finden wir siebzig Kilometer vor Cape Reinga eine günstige Backpacker-Unterkunft. Von unserem Plan, am Toputuputu Beach nahe des Cape das Zelt aufzuschlagen, nehmen wir Abstand, da der Wind das Zelt beim Aufbauen vermutlich ins Meer geblasen hätte.

Die letzten zwanzig Kilometer bis zum Cape sind des Endurofahrers Traum: fein geschotterte Piste, ständig Hügel hoch und runter, ständig links und rechts, dabei zügig und flüssig zu fahren. Wenn nur der orkanartige Sturm nicht wäre – mehr als einmal drängt er uns in den weichen, tiefen Schotter am Wegrand. Jedes Mal fährt mir dabei das Herz in die Hose. Mit der voll beladen 500 Kilo wiegenden Maschine wegzurutschen, das wäre gar nicht gut.

Am Cape angekommen, müssen wir uns auf dem Weg hinaus zum Leuchtturm aneinanderkrallen, so stark bläst der Sturm. Jetzt noch ein paar Meter, dann müsste die malerische Kulisse des Lighthouse auftauchen, mit dem berühmten Schilderbaum, der auf unzählige weit entfernte Orte der Erde verweist. Wie oft schon haben wir dieses Bild auf Fotos gesehen. Doch dann das: Nicht nur der Schilderbaum ist zur Restaurierung abgebaut, nein, auch der Leuchtturm wird soeben renoviert und ist von stimmungstötenden Absperrbändern und Bauzäunen umgeben. Was für eine Enttäuschung. Aber das ist wohl der Preis, wenn man in der Nebensaison versucht, den Touristenströmen zu entgehen.

Die schöne Schotterpiste und die Einsamkeit am Cape sind dann auch die einzigen Höhepunkte dieses stürmischen Tages. An der unterschiedlichen Wasserfärbung müsste man eigentlich erkennen können, wie sich Tasmanisches Meer und Pazifik mischen, doch bei dem stürmischen Seegang ist ein Auseinanderhalten von Ozeanen und Farben unmöglich. Auf dem weiteren Weg entlang der Pazifikküste kommen wir nach Kerikeri. Dort irren wir auf der Suche nach einem vom Reiseführer empfohlenen Campingplatz planlos umher. Den gesuchten Platz finden wir nicht, dafür die etwas abseits gelegene »Pagoda Lodge«. Die Anlage bezeichnet sich als Caravan Park, bietet jedoch auch luxuriöse Ferienhäuschen und überaus gepflegte Zeltplätze. Keine Frage: Das ist der schönste Campingplatz, den wir jemals gesehen haben. Direkt an einem der vielen Wasserarme des Naturhafens gelegen, mit reichlich Terrassen, Sitz- und Relaxgelegenheiten. Gegenüber beginnt der Urwald mit einem Vogelschutzgebiet.

Die gesamte »Pagoda Lodge« ist sehr geschmackvoll im asiatischen Stil gehalten. Die Häuschen haben spitz zulaufende Dächer, überall stehen kleine Buddhas, Gebetsmühlen und Wasserspiele mit Ying-Yang-Ornamenten. Es ist traumhaft schön, wir fühlen uns sehr wohl. Auch wenn wir die einzigen Gäste sind. Das erstmalige Aufstellen unseres Zeltes außerhalb Europas dauert nur unwesentlich länger als eine Stunde ...

Das freundliche 6.000-Einwohner-Städtchen Kerikeri trägt ebenfalls zum Wohlfühlgefühl bei. Im großen New World-Einkaufsmarkt decken wir uns gleich für mehrere Tage mit Lebensmitteln ein, und im einzigen Internetcafé der Stadt, das im Hinterzimmer eines Juweliers Platz gefunden hat, versorgen wir die Daheimgebliebenen mit Neuigkeiten von der anderen Seite des Planeten.

Dann folgt ein Fußmarsch zu den »Rainbow Falls«. In diesen Wasserfällen kurz vor der Stadt wirft sich der Kerikeri River zwanzig Meter tief und laut tosend zu Tal. Ein beschaulicher Wandertrek bringt uns weiter zum nächsten Arm des natürlichen Hafens, wo wir die ältesten Häuser

Neuseelands besichtigen. Sie stammen aus den frühen Jahren des 19. Jahrhunderts, was uns als waschechte Europäer nicht sonderlich beeindruckt. Interessanter ist da schon der originalgetreue Nachbau eines Maori-Fischerdorfes, mit botanischem Garten gleich gegenüber. Die Eintrittspreise sind moderat, umgerechnet 1,80 Euro für das Maoridorf und 3,90 Euro für die Häuser. Dass die Präsentation nicht ganz so hyperperfekt wie in Deutschland verläuft, empfinden wir eher als liebenswert denn störend.

Ist es befremdlich, für eine Toilette einen Tagesausflug zu unternehmen? Vielleicht. Wir tun es und fahren zu einem Bauwerk des Künstlers Friedensreich Hundertwasser. Der Österreicher, den die Kiwis »Frederik Hundörtwoassör« nennen, hat den Neuseeländern zum Dank an den warmen Empfang in seiner späten Wahlheimat eine öffentliche Toilette gestaltet. Die ansonsten ziemlich trostlose Stadt Kawakawa macht damit reichlich Werbung. Das Klo ist ein echter Hundertwasser-Bau: überaus bunt und detailverliebt.

Nach dieser besonderen Art des Wasserlassens besuchen wir Ngawha Springs. Ein noch trostloseres Kaff als Kawakawa. Sein Vorzug: Als einziger Ort nördlich der Rotorua-Region hat es echte Thermalquellen vorzuweisen. Bestialischer Gestank führt uns zielsicher zu den Pools. Die Besonderheit der mit Holz eingefassten Becken sind die unterschiedlichen Farben des Thermalwassers. Leuchtet das eine grau-türkis, präsentiert sich das nächste in schwarz. Auch grün und bleigrau sind im Angebot. Das Ganze stinkt so erbärmlich, dass wir es nicht wagen, auch nur einen Fuß hineinzusetzen.

Wenn es ein Mallorca der Kiwis gibt, dann sind es Paihia und Russell, zwei eigentlich ruhige Orte, die aber im Herzen der wunderschönen Bay of Islands liegen und somit prädestiniert sind für Massentourismus. Die »Bucht der Inseln« trägt ihren Namen nicht von ungefähr: 144 Inseln liegen hier wie fallen gelassen in malerischer Umgebung verstreut. Um einen Eindruck davon zu bekommen, buchen wir einen Katamaran für eine ganztägige Tour.

Das Glück ist mit uns, denn heute am Montag ist es wieder an der Zeit für die wöchentliche Lieferung. Post, Diesel und Lebensmittel werden zu den verstreut wohnenden Insulanern gebracht. Überall scheinbar unberührte Strände, ein Traumpanorama folgt dem nächsten. Zweimal erleben wir, wie sich rund um das Schiff eine große Herde Delphine tummelt. Bei einem unglaublich paradiesischen Landgang entdecken wir vom hölzernen Steg aus quadratmetergroße Rochen, die sich im kristallklaren, türkis schimmernden Wasser nicht vor unseren Blicken verstecken können.

Als an sich aktive Verweigerer solcher massentouristischer Aktionen müssen wir uns hier eines Besseren belehren lassen. Denn der aus Europa nur allzu bekannte Nepp und die nervtötende, sekundengenau getaktete Organisation solcher Veranstaltungen, fehlen hier gänzlich. Kapitän und Crew benehmen sich herzlich und natürlich. Selbst der Landgang mit Lunch wird nicht dazu missbraucht, uns mit überhöhten Preisen über den Tisch zu ziehen. Auch wenn der 180 Dollar oder 100 Euro teure Bootstrip unser Tagesbudget bei weitem überfordert hat – diesen paradiesischen Trip möchten wir nicht missen.

480 Kilometer Tagespensum bedeuten Neuseelandrekord. Diese Zahl Landstraßenkilometer bekommen wir zusammen, indem wir von Kerikeri aus Kurs Süd nehmen und am Abend die Coromandel Halbinsel im Südosten Aucklands erreichen. Das Wetter ist während des ganzen Tages typisch

für Neuseeland: Ein ständiger Wechsel zwischen Regen und Sonne, dabei viel Wind und reichlich spektakuläre Wolkenformationen. Die letzten Kilometer dieser langen Fahrt werden wir von einem außergewöhnlich kräftigen, so noch nie gesehenen, doppelten Regenbogen willkommen geheißen. Diese phantastischen Kilometer geben einen Vorgeschmack auf die in Motorradfahrerkreisen hoch gelobte Region: Nichts als Kurven und Kehren, keine störenden Geraden, kaum andere Verkehrsteilnehmer.

Am Abend kommen wir im hübschen 4.000-Seelen-Hafenstädtchen Whitianga an, auf der dem Pazifik zugewandten Ostseite der »Peninsula«, wie man in Neuseeland eine Halbinsel nennt. Unser Wunsch-Backpacker ist leider ausgebucht, der Besitzer gibt sich jedoch alle Mühe, uns irgendwie zu vermitteln. So kommen wir bei einem befreundeten Paar unter: Zum Schnäppchenpreis von 35 Dollar mieten wir einen kleinen Bungalow ganz für uns alleine, nur durch eine Garage vom Haupthaus getrennt. Das einfache Häuschen ist gerade erst gebaut worden, wir sind die ersten Gäste.

Da das Wetter auch in den kommenden Tagen schlecht bleibt und unsere Hauswirte John & Margo Etches freundliche Zeitgenossen sind, nutzen wir die Gunst der Stunde und tun ein paar Tage lang nichts. Auf der Nordspitze haben wir viel gesehen und Tolles erlebt. Das muss jetzt erst mal sacken. Ein bisschen Motorradpflege, ein Besuch beim Frisör und das Abklappern diverser Cafés auf der Suche nach dem besten Cappuccino der Stadt, das reicht.

Das Besondere an unserer Unterkunft bei dem Engländer John und seiner niederländischen Frau Margo ist der enge Familienanschluss. Der sorgt dafür, dass wir, wann immer wir wollen, ins Haupthaus gehen können, dort den privaten Rechner fürs Internet nutzen, die Waschmaschine anwerfen und abends noch auf ein oder zwei Biere in die gute Stube eingeladen werden. An einem dieser gemütlichen Abende stellt Margo die Frage, ob wir vielleicht schon einmal ans Auswandern gedacht hätten? Nun ja, der Abend ist dann etwas länger geworden ...

Einmal lädt uns John ein, gemeinsam mit ihm eine Jacht von einem Hafen in einen anderen zu überführen. Etwas ganz Neues für uns. Und so gleiten wir kurze Zeit später auf einer luxuriösen 18-Meter-Motorjacht durch die labyrinthischen Wasserwege von Coromandel.

Kaum ist der Luxuskreuzer abgeliefert, geht es auf Johns eigenem, eine Nummer kleineren Motorboot zu einem Angeltrip. Endlich spielt auch das Wetter wieder mit, und so verlassen wir bei schönstem Sonnenschein die Mercury Bay, haben Cooks Beach und den erstaunlichen Hot Water Beach passiert, an dem heißes Thermalwasser durch den Sand an die Oberfläche tritt, bevor wir den »Castle Rock« erreichen, einen isoliert stehenden Fels, geschätzte zwei Kilometer vor der Küste. Hier lassen wir die Angeln zu Wasser und werden schnell belohnt: Binnen zwei Stunden fangen wir immerhin elf Fische. Mir gehen ein herrlicher Red Snapper, zwei Ling und ein Reeffisch am den Haken.

Margo haut den Fang abends gleich in die Pfanne: Red Snapper, wenige Stunden alt, mit Butter gebraten. Was für ein Genuss! Dazu den süffigen Wein der Südinsel. Kein Wunder, dass die beiden Mittvierziger schon vor Jahren Europa endgültig den Rücken gekehrt haben.

Als wir auf diese Woche bei John und Margo zurückblikken, bemerken wir, dass wir mehr auf dem Wasser als auf dem Land unterwegs waren. Das muss sich ändern. Denn die Coromandel-Halbinsel hat unter Motorradfahrern international einen guten Ruf. Also raus auf die Straße. Bei angenehmem Frühlingswetter quer rüber zum Städtchen Coromandel und weiter nach Colville, heute ein spirituelles Zentrum für Althippies. 65 Kilometer gepflegter, kurviger Asphalt. Fünf Motorräder kommen uns entgegen – so viele wie noch nie in Neuseeland.

Weiter nordwärts folgt eine Schotterpiste. Anfangs ganz angenehm zu fahren, dann aber mit jedem Kilometer holperiger. Nach zwei Stunden Rundfahrt erreichen wir wieder Coromandel, schütteln uns den Staub aus den Klamotten und bringen unsere Knochen wieder in die ursprüngliche Position. Das Highlight dieser Tour waren die reizvollen Ausblicke: Da die Halbinsel an dieser Stelle besonders schmal ist, konnten wir auf dem Bergkamm immer wieder zu beiden Seiten den türkisfarbenen Pazifik sehen. Grandios.

Abends im Pub. Großartige Stimmung, laut, freundlich, durch und durch entspannt. Anders als in Deutschland ist ein neuseeländisches Pub viel mehr als nur eine Kneipe. Dort wird nicht nur getrunken, sondern auch wie im Restaurant gegessen und vor allem gekifft, was das Zeug hält. Den mittrinkenden Dorfpolizisten stört das nicht. Interessant die Zusammensetzung des Publikums: 16-jährige Kids im »Gangsta-Style« stehen neben 60-jährigen Fischern im Blaumann. Alle vereint im Genuss von reichlich Bier, Rugby auf Großleinwand, Dope und ambitionierter Livemusik.

Nach einer kurzen Nacht brechen wir auf – heute ist die Küstenstraße rund um die Coromandel-Halbinsel dran. In Pauanui, einem Städtchen für die Besserbetuchten, sitzen wir am Hafen und lassen uns Margos Lunch schmecken. Sie hat uns die für Neuseeland typischen rindenlosen und pappweichen Sandwiches eingepackt. Die vornehmen Häuser Pauanuis, seine ruhigen Straßen und der romantische Naturhafen lassen verstehen, warum dieser Ort eine Ausnahmestellung genießt, obwohl schon die gesamte Coromandel-Halbinsel landschaftlich ein Traum ist.

Bei Pauanui biegen wir vom Meer ab und queren die Halbinsel. Der Bergrücken ist auch beim zweiten Mal ein Erlebnis. Zu schön, wie harmonisch sich eine Kehre mit der nächsten abwechselt. Ab Thames, der alten Goldgräberstadt, in nördlicher Richtung haben wir den Pazifik zu unserer Linken. Ein Straßenschild verspricht 66 Kilometer Küstenstraße bis Coromandel Town. Und hält Wort. Das ist das Beste, was wir bisher in unserem Leben an Panoramarouten zu Gesicht bekommen haben. Wild schlängelt sich die Straße an der Brandungslinie entlang, exotische Bäume stehen Spalier. Ganz klar – wir haben das Paradies gefunden. Selten kommt uns ein Fahrzeug entgegen. Viele Kurven, Steigungen und Gefälle folgen. Insgesamt 230 Kilometer lang ist die Coromandel-Runde – der bisher beste Fahrtag der Reise.

Die Verabschiedung nach acht wunderbaren Tagen bei Margo und John ist sehr herzlich und geht beiderseits nicht ohne feuchte Augen vonstatten. Gegenseitiges Austauschen von Mailadressen, Umarmungen und Schulterklopfen bedingen, dass wir erst spät loskommen. Doch das ist kein Problem, denn unser nächster Stop in Kawerau liegt nur eine Halbtagestour entfernt.

In Kawerau genießen wir zum ersten Mal eine so genannte »Servas-Unterbringung«. Servas ist eine weltweite Friedensorganisation, die Völkerverständigung durch gegenseitige kostenlose Beherbergung realisieren will. Die Idee: Vorurteile werden abgebaut, Menschen unterschiedlichster Nationalitäten lernen sich kennen. So verbringen wir zwei angenehme Tage bei Jocelyn & Bob Hersheid. Da der Kommunikation eine zentrale Bedeutung bei jeder Servas-Beherbergung zukommt, wird unser Englisch langsam immer sicherer.

Die Gastgeber sind weit gereiste Akademiker, wie die meisten Servas-Mitglieder, Endsiebziger und noch topfit. Gleich am ersten Abend brettert Jocelyn mit uns in ihrem uralten Austin Mini durch »ihre« Stadt und zeigt uns unter anderem das Geothermal-Kraftwerk. Überall zischt und brodelt es, der fiese Schwefelgestank macht einem das Atmen schwer. Einige Meter weiter führt sie uns zu badetauglichen Hot Pools, die zwar in Maori-Besitz, jedoch für jedermann frei zugänglich sind. Nach großartigen Wiener Schnitzeln am Abend, einem weichen Bett zur Nacht und frisch gepflückten, zuckersüßen Orangen zum Frühstück sind wir gerüstet für Rotorua, die touristische Hochburg der geothermalen Attraktionen.

Geysire, blubbernde Schlamm-Pools und bestialisch stinkende Schwefelfahnen erwarten uns dort. Wir besuchen einen der zahlreichen Thermalparks. Er trägt den einprägsamen Namen »Te-Whakarewarewa-o-te-ope-Taua-a-Wahiao«, was soviel heißt wie: »Der Aufstand der Kriegstruppen von Wahiao«. Der Thermalpark ist in einem alten Maoridorf untergebracht und wird von den Ureinwohnern geführt und verwaltet. Es mutet einem Europäer schon sehr fremdartig an, wie die Maori, die Ureinwohner Neuseelands, den heißen Atem der Erde nutzen. Das Beheizen der Häuser, des Brauchwassers und der Außenpools ist ja noch nachvollziehbar. Doch nutzen sie die dampfenden, stinkenden Erdlöcher auch, um Essen zu dünsten. Kostenlos, effektiv und simpel. Aber der Geruch? Uns dreht schon der Gedanke daran den Magen um. Einigen anderen wohl auch, wie die zahlreichen Spucktüten-Spender vermuten lassen.

Nachdem die Fotokamera ihren Job getan hat, hält ein einheimischer Autofahrer und erkundigt sich besorgt, ob wir eine Panne hätten und Hilfe benötigten. Als wir ihn beruhigen, entwickelt sich wie schon so häufig zuvor ein nettes

»Woher? Wie lange schon? Wie lange noch? Wohin dann?-Gespräch«. Dieser Smalltalk nervt in keinster Weise, denn die Offenheit und Herzlichkeit der Einheimischen und das große Interesse an allen Fremden sind immer wieder begeisternd.

Am nächsten Tag harren wir bis zum Mittag aus und schauen hoffnungsvoll aus dem Fenster. Doch der Regen, der bereits gestern Nachmittag eingesetzt hat, will einfach nicht enden. Als sich nichts tut, brechen wir schließlich resigniert auf. Spaß macht das nicht, zumindest schützen uns die Rukka-Kombis vor dem Nasswerden und vor dem unangenehmen Auskühlen, denn es hat gerade mal acht Grad Lufttemperatur. Doch wir müssen heute weiter, denn ein verlängertes Wochenende steht an. Und da die Kiwis dann nichts zu Hause hält, mussten wir im 150 Kilometer entfernten Taupo eine »Cabin« vorbuchen. Die wird ab 16.00 Uhr vergeben, sollten wir bis dahin nicht eingecheckt haben.

Taupo rühmt sich, das beste Forellenfischer-Revier der Welt zu sein. Aus dem riesigen gleichnamigen See werden anscheinend Jahr für Jahr Rekordforellen gezogen. Darüber hinaus ist Taupo ein landschaftlich überaus schöner Flecken Erde. Die 50.000-Einwohner-Stadt inmitten der Nordinsel besitzt ein quirliges Stadtzentrum und liegt am nördlichen Rand des Sees. Am südlichen Ende bietet sich das beeindrukkende Bergpanorama des Tongariro Nationalparks mit seinen drei großen Bergen Mount Ruapehu (2.797 m), Mount Ngauruhoe (2.229 m) und Mount Tongariro (1.968 m). Deren malerische Gipfelregionen sind jetzt noch schneebedeckt. Besonders der Mount Ngauruhoe mit seiner perfekten, spitz zulaufenden Vulkanform ist eine echte Postkarte.

300 Kilometer lang ist die Umrundung des Tongariro Nationalparks. Bei schönstem Sonnenschein laufen die Augen über und die Kameras heiß. Die Traumstrecke verläuft zu-

nächst an der Westseite des Sees, dann weiter am Nationalpark entlang. Dazwischen immer wieder phantastische Aussichten auf die »großen Drei«.

Mitten auf der Runde hält uns ein heftig winkender Autofahrer an. Der Mann steigt aus und erklärt freudestrahlend und in astreinem Deutsch, er heiße Wilfried Bockstruck und habe noch bis vor kurzem in unserer Heimatstadt Bielefeld gelebt. Mittlerweile sei er schon eineinhalb Jahre in Neuseeland und besitze ein Haus in Wellington. Schon ganz der Kiwi, fragt er uns, ob wir nicht Lust hätten, bei ihm und seiner neuseeländischen Frau Alyson zu wohnen? Natürlich haben wir das. Seine Visitenkarte wandert in unsere Geldbörse, und wir versprechen, schon sehr bald vorbeizukommen. Wir sind platt. Mitten in Neuseeland auf einen Deutschen aus Bielefeld zu treffen, wer hätte das gedacht?

Bei unseren jahrelangen Reiserecherchen lasen wir Unmengen von Reiseberichten und wunderten uns immer wieder, weshalb die Autoren so oft eingeladen wurden. Ausstrahlung? Offenheit? Sprachgewandtheit? Wir konnten uns keinen Reim darauf machen. Nach nur einem Monat Reisedauer wissen wir nun, dass die Geschichten stimmen. Das Ganze hat auch nichts mit Schnorrerei zu tun, es liegt einfach an dem Interesse der Einheimischen an Fremden.

Auch uns liegt bereits eine erstaunliche Anzahl von Einladungen vor. Gold wert war der Tipp einer Motorradfahrerin aus Auckland, die meinte, wir sollten uns unbedingt im Kiwibiker-Forum www.kiwibiker.co.nz anmelden. Sicherlich gebe es viele Leute, die uns gerne einladen würden, da der »Kiwi an sich« sehr interessiert an fremden Menschen sei, insbesondere an denen aus Europa. Und so kam es dann auch: Nach kurzer Vorstellung und Skizzierung unserer Reisepläne hagelte es Einladungen. Binnen drei Tagen hatten mehr als vierhundert Biker unseren Beitrag gelesen.

Über eine schmale Landstraße gelangen wir Richtung Napier an der Ostküste. Die kleine Straße zwischen dem südlichen Ende des Tongariro Nationalparks und Napier ist mal wieder wunderschön. Durch eine hügelige, an Irland erinnernde Weidelandschaft fahren wir völlig ungestört und im Gefühl, die einzigen Menschen weit und breit zu sein. Im geschotterten Mittelteil windet sich die Strecke über zunehmend höhere Hügel und wird sogar richtig kurvig. Nach 150 Kilometer Schotterpiste und Einsamkeit kommen wir in Hastings an, der Nachbarstadt von Napier.

Im Küstenort Te Awanga kurz vor dem Cape Kidnappers erwartet uns Johanna Bart, die Mutter eines Motorradfahrers aus dem Kiwibikerforum. Für Johanna ist es selbstverständlich, dass wir als Bekannte ihres Sohnes – den wir bis dahin noch gar nicht persönlich kennen – so lange bei ihr wohnen können, wie es uns gefällt. Bedächtige Zaghaftigkeit in Bezug auf neue Bekanntschaften, wie wir sie aus Deutschland kennen, ist eindeutig nicht die Sache des Neuseeländers. Johanna bewohnt mit ihren Töchtern Maike und Franziska ein herrlich kuscheliges Holzhaus in Wurfweite zum Meer. Die Verbundenheit zur See ist in Neuseeland offenkundig, leben doch 85 Prozent aller Einheimischen innerhalb eines zehn Kilometer breiten Küstengürtels. Hinterm Haus inmitten des herrlich exotischen Gartens bekommen wir ein kleines hölzernes Gästehaus ganz für uns alleine. Herrlich.

Napier mit seinen 57.000 Einwohnern gilt als »die« Art-Deco-Stadt in der südlichen Hemisphäre und lässt das Herz des Fotoamateurs höher schlagen. Im frühmorgendlichen Licht wirken die Fassaden einfach grandios. Der in der Touristeninformation besorgte »Art Deco walking Guide« ist überflüssig, denn das Gebiet der imposantesten Gebäude beschränkt sich im Wesentlichen auf Downtown und lässt sich auch ohne Unterstützung gut zu Fuß entdecken.

Zur Geschichte: Napier sowie das nahe, etwa gleich große Hastings wurden in den frühen Dreißigerjahren durch ein gewaltiges Erdbeben zerstört. Beim Wiederaufbau entschieden sich die Stadtväter für den in den Vereinigten Staaten damals populären Art Deco Stil. Da seinerzeit viel Geld in der Stadt war – ein Zustand, der auch heute noch Gültigkeit besitzt – entstand Napier innerhalb von zwei Jahren neu. Ebenso Hastings.

Natürlich fahren wir auch zum Cape Kidnappers hinaus, zu der den Menschen am nächsten gelegenen Australtölpel-Kolonie der Welt. Diese großen Meeresvögel sind elegante Segler und begabte Fischfänger. Ihre außergewöhnliche Jagdmethode – aus großer Höhe lassen sie sich im Sturzflug auf einen georteten Fischschwarm fallen – macht diese Vögel so interessant. Die Jungen bekommen keinerlei Flugunterricht oder Training, ihr allererster Flug führt direkt zum Überwintern nach Australien. Eine harte Schule.

Eine organisierte Traktorfahrt am Fuß der Steilküste bringt uns zur Brutkolonie am Cape, wo wir den Vögeln ganz nahe kommen können. Sie sind überhaupt nicht scheu und lassen sich von ein paar fotografierenden Menschen keineswegs aus der Ruhe bringen.

Nach einer angenehm ruhigen Woche, in der wir unsere Ausrüstung und Wäsche mal wieder auf Vordermann bringen konnten, verlassen wir Johanna und brechen auf nach Wellington, zur mit nur 460.000 Einwohnern recht übersichtlichen Hauptstadt Neuseelands. Die gut ausgebaute Strecke führt uns über die großen Highways. Nach kaum fünf Stunden sind wir da.

In Wellington erwartet uns Mark Bart, der Sohn von Johanna und unser eigentlicher Kontakt aus dem Kiwibiker-Forum. Er plant mit seiner Freundin und Motorradrennfahrerin Jane, demnächst die Strecke Wladiwostok – Amsterdam auf Motorrädern zurückzulegen. Damit gibt es genügend verbindenden Gesprächsstoff.

Nach zwei lustigen Abenden – die beiden üben gerade die russische Sprache für ihre Tour – fahren wir quer durch die Stadt nach Owhiro Bay, wo wir die Einladung Alyson & Wilfried Bockstrucks einlösen wollen. Da wir ein bisschen früh dran sind und unsere Gastgeber noch arbeiten, verbummeln wir die Zeit in einem schön gelegenem Café an der Küste. Eine rote BMW fährt vorbei, bremst, dreht, kommt zurück und mustert ausgiebig die Länderwappen auf unseren Alukisten. Peer Nielsen ist Däne und wohnt mit seiner Frau Lis schon lange in Neuseeland. In etwa vier Jahren will er eine große Europareise mit dem Motorrad machen. Dann kommt – wir haben es schon geahnt – die Frage, ob wir schon wissen, wo wir schlafen? Er möchte uns gerne sein Gästezimmer anbieten. Da wir schon eine Unterkunft haben, schlägt er vor, zumindest auf der Rückreise von der Südinsel bei ihm reinzuschauen. Klar, wir kommen.

Bei den Bockstrucks kommt etwas Trubel in unser betont geruhsames Reiseleben, als wir versuchen, eine Visumsverlängerung für Neuseeland zu bekommen. Man teilt uns mit, dass wir eine Bankbestätigung in Englisch beizubringen hätten, aus der hervorgehe, ob wir über ausreichende Geldmengen verfügten. Wir steuern also die nächste Bank an, wo man gerne bereit ist, ein Konto für uns anzulegen. Denn nur so habe man Zugriff auf unsere deutschen Konten und könne die gewünschte Bestätigung ausstellen. Gut, machen wir. Oder doch nicht. Denn den Bankern fällt ein, dass wir für ein Konto eine mindestens zwölfmonatige Aufenthaltserlaubnis benötigen. Na toll, jetzt beißt sich die Katze in den Schwanz – ohne Jahresvisum keine Bankbestätigung, ohne Bankbestätigung kein Visum.

Wir beschließen, einen deutschen Online-Kontoauszug auszudrucken und es einfach darauf ankommen zu lassen. Nach abendfüllendem Studium des Visumantrags machen wir uns tags darauf erneut auf den Weg. Zwei Stunden später sitzen wir mit leicht erhöhtem Puls vor dem zuständigen Beamten. Jetzt wird's ernst. Er: »Wie lange wollen Sie noch bleiben?« Wir: »Bis Mitte Februar würde reichen.« Er: »Dann gebe ich Ihnen gleich noch einen Monat mehr.« Dann kassiert er mit verschwörerischem Augenaufschlag statt zweimal nur einmal 85 Dollar. Na also.

Mit der Umbuchung unseres Australienfluges haben wir nicht so viel Glück. Alyson ist zwar sehr bemüht und versucht alles. Doch da die Tickets die billigsten waren, die wir seinerzeit finden konnten, ist Umbuchung, Verkauf oder Rückerstattung grundsätzlich ausgeschlossen. Nach Internetrecherche finden wir einen neuen Flug für den 20. Januar. Wir haben augenblicklich zwar weder ein Visum für Australien, noch den Transport des Motorrades organisiert, doch das wird irgendwie klappen müssen. Basta.

Alyson verdient ihr Geld mit Touristen-Rundfahrten. Chef Wally ist ein ausgesprochen lockerer Typ, denn sie darf Freunde und Bekannte kostenlos mitnehmen. So kommen wir in den Genuss einer interessanten Stadttour, die wir sonst sicher nicht unternommen hätten. Auch die Führung durch den neuseeländischen Regierungsapparat, die »Houses of Parliament«, ist gratis. Die drei Hauptgebäude stehen auf Hunderten von Gummi,- Stahl,- und Betonelementen, die einem Erdbeben von bis zu 7,4 auf der Richterskala trotzen können. Jedes Element kann Schwingungen von 30 Zentimetern in alle Richtungen ausgleichen. Der Aufwand scheint gerechtfertigt, gibt es in Neuseeland doch an die 10.000 Erdbeben pro Jahr, 150 davon spürbar.

Am Abend besuchen wir ein Jazzkonzert und erleben das

lebendige Wellingtoner Nachtleben. Viele freakige Leute sind unterwegs, aus jeder Tür strömt Musik, man sitzt auf der Straße, isst und trinkt, Jongleure buhlen mit Straßenmusikern um einen Obolus, die »Coolen« lassen ihre Monster-Auspuffanlagen aufbrüllen, und die Polizei versucht entspannt hier und da etwas Ordnung in das Durcheinander zu bringen.

Die Südinsel

Die 170 Dollar (ca. 95 Euro) teure Fährüberfahrt zur Südinsel, vor ein paar Tagen per Internet gebucht, verläuft zwar ziemlich stürmisch, doch legen wir drei Stunden später plangemäß und bei »guter Gesundheit« im Fährstädtchen Picton an. Westwärts auf die Queen Charlotte Street, eine küstennahe Panoramastraße am Rande des Marlborough Sound, der mit seinen Fjorden an Schweden erinnert, danach auf den Highway 6. Nach 140 Kilometern erreichen wir Nelson.

Nelson liegt zentral zwischen den beiden nördlichen Hauptattraktionen der Südinsel: Abel Tasman Nationalpark zur linken, Marlborough Sound zur rechten. Nicht nur wegen der herrlichen Lage, sondern auch wegen der stark wachsenden Industrie im Umland ist Nelson eine »growing Area« – binnen zehn Jahren hat sich die Bevölkerung von 35.000 auf 57.000 erhöht.

Bei Takaka gilt es, einen Ausläufer der Southern Alps zu überqueren. Dabei haben sich die neuseeländischen Straßenbauer alle Mühe gegeben, es den wenigen Motorradfahrern recht zu machen – prächtige Kurvenkombinationen, zackige Steigungen und immer wieder szenisch perfekt angelegte Aussichtspunkte, die den Blick auf die Golden Bay freigeben. In dem wie ausgestorben wirkenden 250-Einwohner-Dorf Collingwood fast am Nordende der Bay lassen wir uns eine Fischterrine mit Meerblick und gänzlich fehlender Betriebsamkeit schmecken.

Auf dem weiteren Weg nach Süden folgen wir dem Highway 6 bis Murchison und biegen dann ab auf den Highway 65. Menschenleere Prärie bis zum Highway 7 bei Springs Junction. Ein paar kleinere Schafherden, vereinzelt ein Farmhouse. Keine Tankstelle, kein Laden, kein Café, nichts. Tanja findet das beängstigend, ich herrlich. Die Weite und die unverbaute Landschaft der beginnenden Alpenausläufer beeindruckt mich nachhaltig.

In Maruia Springs, das aus exakt einem Gebäude besteht, schlagen wir das Zelt auf. Eigentlich wollen wir drei Nächte bleiben, doch eine uns bisher nur theoretisch bekannte Tierart schlägt uns schon am nächsten Tag in die Flucht: »Sandflies«, das sind klitzekleine schwarze Mücken, die sich sofort über uns hermachen. Kochen und Essen im Freien wird zur Nervenprobe. Geschätzte fünfzig Stiche pro Person und Nacht sind das Resultat. Da hilft nur die Flucht in den Fahrtwind. Da die Sandflies relativ träge sind, kann man sich nach einem Stich wenigstens durch Totschlag rächen. Nur dumm, dass es dann schon zu spät ist und der Stich einen extremen Juckreiz zur Folge hat. Wie halten das nur die Leute von Maruia Springs aus?

Wund gekratzt und mit glühenden Extremitäten erreichen wir Hanmer Springs, einen wunderschön von den Alpen umrahmten, höher gelegenen Urlaubsort. Das sieht doch schon viel besser aus. Eine wunderschöne Cabin zum Preis von 30 Dollar mit Ausblick auf die Berge unterstützt die Entscheidung, zu bleiben.

Ja, und da ist sie wieder, die große Freiheit einer langen Reise. Was für ein Luxus, einfach zu bleiben, wo es einem gefällt. Keine Termine, keine Verabredungen, nichts und niemand, der auf einen wartet. Die ganz große Freiheit, so fühlt sie sich wohl an.

Hanmer Springs ist bei den Einheimischen wegen seines neuen Thermalbades beliebt. Für uns hingegen sind die Schotterstrecken in der Umgebung von Interesse. Drei Offroad-Pässe warten, und wer will, kann ohne Asphalt sogar die Küste im Norden erreichen. Eine private Piste führt über den Jacks Pass hinauf zum örtlichen Skigebiet. Wobei »private Road« in Neuseeland nicht mehr als einen Haftungsausschluss bedeutet und nicht wie in Europa ein Mauthäuschen mit freundlich lächelndem Kassierer.

Nach einer Lunchpause sprechen uns zwei unbekannte motorradbehelmte Menschen an – Doris Peleikis, eine Deutsche, und ihr einheimischer Freund Malcolm Milne. Doris schwebt auf allen Wolken, hat sie doch erst vor ein paar Tagen die Genehmigung für einen Zweijahresaufenthalt in Neuseeland bekommen. Sofort – wiederum ahnen wir es bereits – laden uns die beiden ein, bei ihnen in Christchurch zu wohnen. Gerne, vielen Dank.

Unseren »Wellness-Aufenthalt« in Hanmer Springs beschließen wir mit einem ausgiebigen Besuch des Thermalbades. Dort gibt es auch Schwefelpools, die jedoch überhaupt nicht stinken, sondern kuschelig warm sind und unseren vom Fahren leicht verspannten Muskeln unendlich gut tun.

Gute 200 Kilometer später kommen wir auf der Banks Peninsula an. Diese Christchurch vorgelagerte Halbinsel entstand aus eingestürzten Vulkankratern. Einer bildet heute den Hafen von Christchurch, der andere den Hafen von Akaroa, der größten Ortschaft der Halbinsel.

In einer der zahlreichen Buchten kommen wir mal wieder privat unter: Johanna aus Napier hat uns an Joanne und Robin Burleigh weiterempfohlen. Die beiden Waldmenschen besitzen ein großes Holzhaus, das sie von Grund auf selbst gebaut haben. Und das ist wörtlich zu verstehen, denn das

Holz stammt direkt von ihrem Waldgrundstück. Während der jahrelangen Bauphase haben sie im Zelt gelebt. Beeindruckende Menschen.

Tanja lebt sich schnell ein und will am liebsten gar nicht mehr weg von »unseren Waltons«, wie wir die Burleighs in Anlehnung an die Fernsehfamilie nennen. Die Gemeinsamkeiten sind unübersehbar: Joanne verbringt den Großteil des Tages hinter ihrem gusseisernen, holzbefeuerten Herd oder strickend auf der Veranda. Wenn Robin nicht gerade Possums jagt, mit dem Boot hinausfährt oder Brot backt, ist er im Schuppen beim Bierbrauen. Alle naselang kommt irgendjemand aus der unendlich großen Sippe zu Besuch. Meist sind Kleinkinder und Babys dabei. Schon nach zwei Tagen kapitulieren wir vor den verwirrend vielen Namen und Verwandtschaftsbeziehungen.

Wir werden nachdenklich. Was die beiden doch für ein beneidenswert beschauliches und genügsames Leben führen. Wieder bekommen wir den Spiegel vors Gesicht gehalten.

Die Abende bei Doris Peleikis und Malcolm Milne in Christchurch beginnen fast immer mit einem üppigen Barbecue und kennen danach nur noch ein Thema: Offroadpisten auf Neuseelands Südinsel. Die beiden zeigen uns die Höhenstraße rund um den Lyttelton Harbour, das Pendant zum großen Einschnitt bei Akaroa. Pausenstopp in einem Ausflugslokal. Man sitzt hoch über dem Wasser auf saftig grünem Rasen und genießt mediterrane Köstlichkeiten. Es ist warm geworden im Dezember, im neuseeländischen Sommer.

Christchurch wird nachgesagt, die englischste Stadt außerhalb Englands zu sein. Gepflegte Rosengärten, Parkanlagen, historische Gebäude – wir teilen diese Auffassung. Mit 350.000 Einwohnern ist Christchurch die mit Abstand größte Stadt der Südinsel und die einzige mit internationalem Flughafen.

Englisch skurril auch der tägliche Auftritt des »Wizard«. Der alte Mann mit langem Haar, noch längerem Rauschebart und weißem Apostelgewand steigt nahezu täglich auf seine kleine Trittleiter im Stadtzentrum und hält feurige Reden. Da er trotz mehrfacher Versuche der Stadtverwaltung nicht von seinen für die Obrigkeit bisweilen unbequemen Auftritten abzubringen war, machte man aus der Not eine Tugend und stellte ihn kurzerhand ein. Wohl auch in der Hoffnung, auf diese Weise in seinen Reden besser davonzukommen. Das Fahrzeug des »Wizard« ist ein aus zwei Käferfronten zusammengeschweißtes knallrotes Unikum.

Wenn wir nicht in der Stadt unterwegs sind, nutzen wir die gute Internetverbindung unserer Gastgeber, um Australien-Visa für uns und einen Seetransport fürs Motorrad zu organisieren. Das klappt bestens, und schon drei Tage später ist alles unter Dach und Fach. Was würde der moderne Reisende nur ohne Internet tun?

Von der Ostküste rüber zur Westseite der Südinsel. Interessanterweise bin ich von der Überquerung des 927 Meter hohen Arthur's Passes ein wenig enttäuscht. Klang irgendwie nach Ferne und Abenteuer. Doch die neuseeländischen Alpen können mit der Massivität und Gewaltigkeit ihres europäischen Pendants nicht mithalten. Da sind wir wohl verwöhnt. Und wie das manchmal so ist, hält die Realität den Wunschvorstellungen eben nicht immer stand.

Die Besonderheit der Südalpen sind die extremen Gegensätze in der Landschaft. Oben dröges Gras, ein Stück weiter unten Bäume und saftiges Grün, ab 500 Meter Höhe Dschungel, der den Namen »Grüne Hölle« verdient hätte, wäre der nicht längst vergeben. Schuld an dieser prallen Vegetation im Westen ist die gewaltige Niederschlagsmenge von 6.000 Millimetern pro Jahr, das sind sechs Meter Wasserhöhe. Die Wolken, die sich kontinuierlich über der Tasmanischen See bilden, stoßen an der Westküste auf die steil aufragenden Berge und können dann nichts mehr bei sich behalten. Die Ostküste bekommt auf diese Weise kaum noch Regen ab.

Wie Doris erzählte, zieht es die unkonventionellsten Kiwis an die Westküste. Stolz bezeichnen sie sich als die »echtesten Neuseeländer Neuseelands« und werden im Volksmund schlicht »The Coaster« genannt. Die urigsten Pubs, die kuriosesten Behausungen und die exzentrischsten Bewohner sind im Westen zu finden. Dass der Pro-Kopf-Verbrauch rauchfähiger Hanfwaren hier rekordverdächtig ist, verwundert nicht.

Zwischen Westport und Karamea finden wir eine überaus reizvolle Backpacker-Unterkunft: »The old Slaughterhouse«, das »alte Schlachthaus«. Im großen Gemeinschaftsraum brutzelt ständig jemand etwas Leckeres oder hat etwas Interessantes zu erzählen. Ein Traum ist die Lage hoch oben an der Bergflanke direkt an der Küste der Tasman Sea. Der steile Weg hoch zum Haus mitten durch den Dschungel muss zu Fuß erklommen werden, das Gepäck wird mit dem Allradtraktor befördert. Einen Weg, der auch für unseren Halbtonner auf zwei Rädern realistisch wäre, gibt es nicht. So bleibt die Honda im Schuppen am Fuß des Berges.

In Karamea findet gerade ein zünftiger Viehmarkt statt. Mit Kuhversteigerung, reichlich Bier und Holzhack-Wettbewerb. Ein Typ spricht uns an, der Besitzer des örtlichen Backpackers. Er macht reichlich Werbung für seine Unterkunft und ist ziemlich aufdringlich. Schließlich lassen wir uns auf einen Tee überreden, doch der schlechte Eindruck bestätigt sich: Ein Haufen Kiffer begrüßt uns mit glasigem Blick und coolem »Gangsta«-Gehabe. Nicht gerade das, wonach uns der Sinn steht.

In Hokitika suchen wir uns nach einer langen Tagesfahrt eine Unterkunft direkt am Strand. Tanja beschenkt sich zu ihrem Geburtstag mit einem selbst gefertigten Paua-Medaillon. Die Paua ist eine weit verbreitete Muschelart, die im Inneren wie Perlmutt in verschiedenen Blautönen schimmert. Motorradausflüge ohne lästiges Gepäck und ein Besuch im Hilton-Pub in Blackball runden unseren entspannten Aufenthalt ab. Das »Blackball Hilton« ist ein echter, uralter Westcoast Pub mit Zimmervermietung. Die amerikanischen Anwälte des richtigen Hilton fanden die Namensgebung weniger witzig und erzwangen eine Umbenennung. Nun heißt es typisch neuseeländisch »Formerly – The Blackball Hilton«, »Früher – Das Blackball Hilton«.

Der Africa Twin geht es trotz ihres Alters von vierzehn Jahren und mittlerweile gelaufenen 73.000 Kilometern blendend. Gute 6.500 Kilometer hat sie bislang in Neuseeland ohne zu mucken zurückgelegt. Dass die grobstolligen Reifen besonders am Hinterrad viel Abrieb zeigen, liegt wohl mehr am groben neuseeländischen Asphalt als an mangelnder Haltbarkeit. Die Geländereifen sind definitiv eine gute Wahl, da recht häufig Schotterpassagen zu bewältigen sind.

Die Südroute von Hokitika nach Haast führt durch tiefgrüne, überbordende Vegetation. In Haast will es uns gar nicht gefallen, deshalb versuchen wir, wenigstens Magen und Gaumen etwas Freude zu bereiten – mit einer landesüblichen gigantischen Portion Pommes. Sie kostet gerade mal zwei Dollar, und wir schaffen zusammen eine einzige davon mit viel Mühe und eisernem Willen.

80 Kilometer landeinwärts finden wir in Makarora nahe

des Lake Wanaka einen Campingplatz. Nachteil: Da der Ort Makarora außer einem Restaurant mit angeschlossenem Lädchen keine weitere Versorgungsmöglichkeit bietet, müssen wir teure Lebensmittel für Abendessen und Frühstück auf dem Platz kaufen. Vorteil: Man kann am See relativ günstig Jetboat fahren, wie uns Busfahrerin Alyson aus Wellington verraten hat. Einmal in einem solchen PS-Monster zu sitzen, ist ein Traum, den ich mir schon lange erfüllen möchte und für 80 Dollar nun endlich leisten kann.

Gleich am nächsten Morgen grummelt in meinem Rücken ein gewaltiger amerikanischer V-8-Bigblock. Gas und ab! Mit 70 Sachen schießt die Flunder über den See. Durch den Jetantrieb hebt sich das flache Boot so weit aus dem Wasser, das es schon mit acht Zentimeter Wassertiefe auskommt. Was für ein Spaß! Die direkte Lenkung ermöglicht extreme Fahrmanöver. Oft scheint es, als habe unser schnauzbärtiger Bootsführer komplett den Verstand verloren, wenn er direkt aufs Ufer zuschießt, um im letzten aller Momente eine 180-Grad-Wende zu reißen. Die Verzögerung bei diesen Manövern ist so heftig, dass mir hinterher alle Knochen wehtun. Trotzdem – ein Riesenspaß und jeden Dollar wert.

Lake Wanaka und Lake Hawea sind gigantische Bergseen und bleiben während der gesamten Weiterfahrt Richtung Osten nach Wanaka 60 Kilometer lang an unserer Seite. Eigentlich könnten wir nach jeder dritten Kurve anhalten und die See-Berg-Szenerie fotografieren, so eindrucksvoll ist die Umgebung. Immerhin schaffen wir es, uns so weit zu disziplinieren, dass wir nur nach etwa jeder dreißigsten Kurve anhalten.

Tanja bemerkt sie als Erste, die unglaubliche Einsamkeit hier oben. Dann fällt sie mir ebenfalls auf. Offensichtlich habe ich mich an die weiten Distanzen Neuseelands schon gewöhnt. Wir blicken uns um: eine gewaltige Seefläche, eingerahmt von grasbedeckten, teils schneebedeckten Bergen und endloser Steppe. Nicht zum ersten Mal stelle ich mir die Frage: »Wie passt nur soviel Landschaft in ein so kleines Land?«

Über den 971 Meter hohen Lindis Pass gelangen wir nach Otematata, wo wir von den lebenslustigen Rentnern John Mallon und seiner Frau Philippa, genannt »Pip«, willkommen geheißen werden. Pip zaubert zarte Lammhaxe mit Kartoffelbrei auf den Tisch, danach führt John uns in seinem Allrad-Truck über grob geschotterte Bergpisten. In der Abenddämmerung ergeben sich wundervolle Aussichten auf Stauseen und Bergflanken. Zurück in der hübschen Einliegerwohnung, die man für uns bereithält, schlafen wir himmlisch gut ein.

Morgens führt uns John mit seiner Honda Transalp in die Hochregion der Südalpen zum Mount Cook, der sich jedoch mit Wolken verhüllt. Tags drauf plagt Tanja eine Magenverstimmung, wahrscheinlich zu viel Lammhaxe. John hat keine Lust zum Motorradfahren, und so mache ich mich alleine nochmals auf den Weg. Gestern kam der Berg einfach zu kurz. Ich werde belohnt: Stundenlang zeigt sich der höchste aller neuseeländischen Gipfel völlig wolkenlos von seiner besten Seite.

Nach einer wieder einmal sehr emotionalen Verabschiedung samt feuchter Augen brechen wir zur Otago Peninsula an der Ostküste auf. Die Fahrt über Oamaru nach Dunedin, das am Fuß der Halbinsel liegt, wird zur Hölle: 250 Kilometer in kaltem Dauerregen, garniert mit mehreren schlammigen Baustellen. Sollte gerade nicht Sommer sein?

Dunedin nimmt sich ein Beispiel an Christchurch und bezeichnet sich als schottischste Stadt außerhalb Schottlands.

Ob's stimmt? Immerhin ist der Name »Dunedin« die gälische Übersetzung für Edinburgh. Alles Weitere ist wohl Ansichtssache. Auf jeden Fall finden wir an der pittoresken Stadt mit ihren vielen alten Häusern Gefallen.

Größter Arbeitgeber ist die Schokoladenfabrik Cadbury, die auch Führungen anbietet. Ich hätte mich zwar mehr für einen Besuch bei Speights, der Biermarke des Südens, begeistert, doch Tanja setzt klare Prioritäten. Die einstündige Führung ist dann auch wirklich klasse gemacht, wenngleich deutlich auf Kinder zugeschnitten. So hagelt es zum Beispiel für jede richtig beantwortete Frage Schokoriegel. Wir machen eifrig mit und sammeln ordentlich Süßigkeiten. Was uns bei den Kleinen ziemlich unbeliebt macht, die intellektuell einfach nicht mithalten können. Hätten wir uns zurückhalten sollen? Egal, bei Schokolade kennen wir keine Nächstenliebe.

Am historischen Prunkstück der Stadt, dem Bahnhof, treffen wir auf ein australisches BMW-Paar, dass uns bestätigt, dass wir klimatisch gesehen zu einem ungünstigen Zeitpunkt nach Australien einreisen werden: Im Januar und Februar wird es dort sehr heiß. Hier in Dunedin ist die Hitze momentan nicht das Problem, denn die Tage sind kühl und regnerisch. Wenigstens das richtige Wetter, um Larnach Castle, die einzige Burg Neuseelands, zu besuchen. Als es endlich aufklart, packen wir das tropfnasse Zelt ein und fahren weiter.

Tanja wünscht sich schon lange einen Einblick ins neuseeländische Farmleben, und so organisieren wir einen mehrtägigen Farmaufenthalt. Der erwählte Hof ist mittelgroß, nennt 1.000 Schafe, 300 Kühe und 3.000 Hirsche sein eigen. Unser Schlafraum grenzt direkt an den der Tiere. »Was hier so riecht, ist Hirsch«, klärt uns die Farmersfrau auf. So können wir den stechenden Ammoniak-Geruch zwar nicht ignorieren, doch wenigstens deuten. »Das Farmleben ist in Wirklichkeit überhaupt nicht romantisch.« Mit diesen Worten begrüßten uns Michael und Philippa Johns heute Morgen. Glauben wir nicht, irgendetwas Besonderes wird es sicher haben.

Aber was? Bei einem Kuhtrieb von den Hochweiden hinab ins Tal können wir dem strammen Tempo der Farmer kaum folgen. Und auch das knöcheltiefe Waten in frischen Kuhexkrementen ist unsere Sache nicht. Die romantische Verklärung vom »Farming« bekommt erste Risse. Spaß hingegen macht es, den Hütehunden bei ihrer Arbeit zuzuschauen. Doch nach drei Tagen haben wir im wahrsten Sinne des Wortes die Nase voll. Etwas ernüchtert, aber um einige Erfahrungen reicher, verlassen wir die netten Farmersleute in Richtung Süden. Eines ist sicher: Noch in Australien werden wir uns an diese kurze Bauernkarriere erinnern – überdeutlich haben sich die Hirsche in unseren Klamotten verewigt.

Der berühmte Milford Sound, ein Fjord im Südwesten der Südinsel, hält was alle Reiseführer versprechen: Vom Ausflugsboot aus sehen wir gewaltige Wasserfälle, mehrere hundert Meter hohe senkrechte Felswände, Seerobben, Delphine und Dutzende von Regenbogen. Zurück am Parkplatz sind es die Keas, neugierige und zutrauliche Papageien, die das Interesse auf sich ziehen. Sie machen sich mit ihren kräftigen Schnäbeln nämlich über die Gummileisten, Scheibenwischer und Dichtungen der Autos her. Die Africa Twin schmeckt ihnen offensichtlich nicht.

Dann schenkt uns Neuseeland ein weiteres Highlight: Toddy, mit bürgerlichem Namen Alan Todd. Drei Motorräder teilen sich den Parkplatz im Wohnzimmer: eine nagelneue 1000er Honda CBR, eine ebenso neue Suzuki DR 650

Enduro sowie eine Harley Davidson. Eine weitere DR 650 steht noch in Nordamerika. Dort hat Toddy dieses Jahr in vier Monaten schon 43.000 Kilometer abgespult. »Dabei habe ich leider nicht allzu viel von Alaska, Kanada und Nordamerika gesehen«, meint Toddy trocken und plant eine dreimonatige Fortsetzung für nächstes Jahr. Toddy ist Träger der Ehrennadel der »Ironbutts«, das ist die englischsprachige Vereinigung der Langstreckenfahrer. Der Grund der Ehrung wird klar, wenn Toddy von seinen Tagestouren in Neuseeland spricht: die sind üblicherweise 600 bis 700 Kilometer lang.

Nach den vielen Kilometern, Erlebnissen und Kontakten der letzten Wochen sind wir reisemüde geworden. Die Entscheidung fällt daher leicht: Zurück ins Herz der Südalpen zum Lake Tekapo, um dort über Weihnachten und Sylvester auszuspannen. Die Jugendherberge, auf deren Campingwiese wir uns niederlassen, heißt nicht umsonst »The Million Dollar View«. Am Neujahrsmorgen brechen wir früh morgens auf, fahren in einem Rutsch die Ostküste hoch und setzen zur Nordinsel über.

Zurück auf der Nordinsel

Frisch motiviert lösen wir in Wellington die Einladung von Peer und Liz Nielsen ein. Die beiden Mittvierziger planen eine ausgedehnte Europatour mit dem Motorrad, und so gibt es beim Barbecue in ihrem lauschigen baumbestandenen Garten einiges zu erzählen. Der Polizist und die Lehrerin zeigen uns bei schönstem Sommerwetter die Küste und – für jeden Neuseeländer ganz wichtig – das Nationalmuseum »Te Papa«. Dort sind sogar zwei Motorräder ausgestellt: Die Replik des Hochgeschwindigkeits-Motorrades von Burt Munro aus dem Film »Mit Herz und Hand« und eine Britten V 1000, eine Originalmaschine des genialen neuseeländischen Konstrukteurs Britten. Ebenfalls interessant: das kleine Erdbebenhaus. Wo sonst kann man pünktlich alle drei Minuten ein Erdbeben erleben?

Faye und Andy Lougher, Genussmenschen wie wir, führen uns in Kapiti ein. Kapiti ist ein kirmesähnliches Schlemmergelände vor den Toren der nördlich von Wellington gelegenen Stadt Levin. Zig Ladenlokale bieten dort die unterschiedlichsten Feinkostprodukte an. Ob Possum-Leberwurst, Schoko-Honig mit karamellisierten Nüssen oder völlig verrückte Käsekreationen – es gibt nichts, was es nicht gibt. Drei kalorienreiche Tage verbringen wir in und um Levin.

Dann drängt die Zeit. In zehn Tagen geht der Flieger nach Australien, und die Honda benötigt zuvor einen kompletten Service, neue Reifen, eine hyperpenible Reinigung für die australischen Behörden und muss noch verpackt werden. Das bedeutet eine Menge Arbeit, die wir in Hamilton erledigen wollen.

Die ersten zwei Tage stehen im Zeichen der Motorradvorbereitung. Dann packen wir zwei große Kartons mit unserem robusten Zelt und den dicken Schlafsäcken und schikken sie zurück nach Deutschland. Deren Wärmeleistung werden wir in Australien und Asien wohl nicht mehr benötigen. Ein leichteres und luftdurchlässigeres Zelt finden wir in einem Trekkingshop in Hamilton. Hauchzarte Sommerschlafsäcke haben wir zuvor schon in Wellington aufgestöbert. Ein Haarschnitt für Tanja, von mir persönlich mit durchaus befriedigendem Ergebnis durchgeführt, komplettiert das Programm. So gehen die letzten Tage in Neuseeland mit Wäsche waschen, packen, aus- und umsortieren rasend schnell dahin.

Zwischendurch ein Ausflug zur nahe gelegenen Surferhochburg Raglan. Dort schauen wir den Jungs und Mädels bei ihrem anstrengenden Job zu und halten dabei vor Fett triefende Fish & Chips in der Hand. Laut Warren, unserem Gastgeber in Hamilton, die besten weit und breit. Mag sein. Die fettesten waren es bestimmt.

Vier Tage vor dem Flugtermin besuchen wir Kerry, unseren Motorradhändler in Auckland. Wie vereinbart hat er unseren zweiten Satz Reifen sowie die Transportkiste aufbewahrt. Und wie schon bei der Ankunft unterstützt er uns auch diesmal tatkräftig und versorgt uns mit Kaffee, Cola, gebackenen Pies und interessanten Reisestorys. Reichlich Tipps für Australien gibt es obendrein. Am Ende will er partout kein Geld annehmen, und so schenken wir ihm ersatzweise ein Dutzend Flaschen seines Lieblingsbiers. Resümee: Mehr Kerrys auf der Welt, und der Motorradkisten-Bastel-Terror verlöre seinen Schrecken.

Warren und seine Frau Clare bringen uns zum Flughafen nach Auckland. Der einzige Abschied während unseres gesamten Neuseeland-Aufenthaltes, der uns nicht schwer fällt. Obwohl wir zehn Tage miteinander verbracht haben, sprang der Funke nicht über, und wir blieben uns fremd. Zu gegensätzlich waren wohl die Lebensphilosophien, zu groß unsere Abneigung gegen die intensiv gelebte Religiosität der beiden und ihre lästigen Bekehrungsversuche. Die letzte Nacht in Neuseeland verbringen wir in einer Billigunterkunft.

Australien

Der Flug

Um 4.20 Uhr am 20. Januar reißt uns der Wecker aus dem Tiefschlaf. Derartige Brutalitäten sind wir nicht mehr gewohnt. Denn in den zurückliegenden vier Neuseeland-Monaten haben wir längst vergessen, wie es ist, nach dem Diktat eines Weckers zu leben.

Der Tag verläuft so wie er begonnen hat: beschissen. Volle elf Stunden dauert der mickrige Hüpfer von Auckland nach Sydney, der ein Direktflug hätte sein sollen. Doch die Airline legt einen unvorhergesehenen Zwischenstop in Brisbane ein, schickt uns zu einem Anschlussflug, den wir verpassen. Ersatzflug einfordern, Fahrt zum weiter weg gelegenen Inlandsflughafen organisieren – Schweiß und Stress unter australischer Sonne.

Besonders sauer sind wir, dass die gar nicht so billige Billigfluglinie, die Aerolinea Argentinas, jeglichen Bordservice nur gegen klingende Münze anbietet. Kreditkarten werden nicht akzeptiert, ausschließlich Bares in australischer Währung, was wir natürlich noch nicht haben. In Sydney angekommen, stürmen wir nachmittags um 16.00 Uhr heißhungrig und ausgetrocknet das erstbeste Café. Außer einem Zahnputzbecher Leitungswasser am frühen Morgen haben wir heute noch nichts in den Magen bekommen.

Sydney

Der Campingplatz nahe am Flughafen wird zum nächsten

Reinfall. Er ist verdreckt, und in der rudimentären Küche herrschen Angst einflößende Monster-Kakerlaken. Als uns zwei Tage hintereinander auch noch die knappen Biervorräte abhanden kommen – ein echter Ernstfall! – suchen wir uns einen anderen Platz.

Doch leichter gesagt als getan. Sydney bietet zwar Unmengen an Übernachtungsmöglichkeiten, doch nur einen einzigen Campingplatz in Citynähe. Der liegt im Norden, direkt am Rand des Nationalparks. Der Internetauftritt lässt Gutes erwarten, die Touristeninfo schwärmt ebenfalls von diesem »Campground«. Wenn auch der Preis von 30 Dollar pro Tag nicht von Pappe ist.

Nachdem wir den anstrengenden Umzug hinter uns gebracht und das schwere Gepäck bei 35 Grad durch die Straßen Sidneys geschleppt haben, müssen wir nur noch auf die Auslieferung des Motorrades warten. Also los, um die 3,8 Millionen-Metropole Sydney kennen zu lernen.

Für 80 Dollar erstehen wir zwei Wochentickets für nahezu alle Züge, Busse und Fähren der Stadt. Das Nahverkehrssystem ist hervorragend ausgebaut und unsere Immobilität damit einigermaßen erträglich. Obwohl die Lebensmitteleinkäufe auf diese Weise mühsam sind, denn bis zum ersten Geschäft sind es immer gleich mehrere Bushaltestellen, und die letzten zwei Kilometer müssen wir schleppen.

Darling Harbour im Herzen der City ist die erste Adresse, die wir besuchen. Ein Australier vom Land würde in so einem Moment sagen: »Wow, that blows me away!« und hätte unsere Gefühlslage damit treffend beschrieben. Der Anblick haut uns um. Sydney soll eine der vier schönsten Städte der Welt sein – wir zweifeln keinen Moment daran. Über die riesige Brücke queren wir den Hafen, unter uns die Luxusjachten und Mengen historischer Schiffe, über uns die Schwebebahn mit Blick auf die beeindruckende Skyline. Wahnsinn! Die Atmosphäre und die bombastische Großartigkeit löst einen dieser kostbaren Momente aus, in denen uns vor lauter Glückseligkeit im Hier und Jetzt die Augen feucht werden. Wenn das auf dieser Reise so weitergeht, werden wir zu ausgemachten Heulsusen.

Ein weiterer solcher Moment ist das Ende des offiziellen Programms am Feiertag »Australian Day«. Das wird nämlich mit einem weltstadtwürdigen Feuerwerk angezeigt. Zehntausende Menschen um uns herum sind friedlich, niemand schreit, keiner grölt, Paare liegen sich in den Armen, dieses spezielle patriotische Gefühl der Veranstaltung nimmt auch von uns Besitz. Und zack – fängt das Auge schon wieder an zu schwimmen. Im Laufe des Abends gibt es jede Menge Livemusik, Schiffsvorführungen en gros und natürlich wichtige Politiker zu sehen und zu hören.

Die Australier geben sich ausgesprochen entspannt. Kaum dass wir jemanden mit einem Bier gesehen haben, keine Trunkenbolde, Applaus wohl dosiert, nie frenetisch. Ob hier das vornehm-distinguierte englische Erbe durchschlägt?

Wie auch immer: Trotz der enormen Menschenmassen war es eine friedliche, emotional betonte Großveranstaltung, wie wir sie – so entspannt – noch nie erlebt haben. Einige Nachtaufnahmen der Skyline später nehmen auch wir unsere Bahn zum Campingplatz zurück.

Jeder Australienreisende bekommt seine Portion Horrorgeschichten über die zu erwartenden Gefahren durch die australische Tierwelt serviert. Besonders die Neuseeländer hatten da einiges auf Lager. Daher sind wir auch nicht allzu verwundert über das, was uns schon alles begegnet und zum Teil über die Füße gelaufen ist. Was uns schon mehr verblüfft, ist die Tatsache, dass wir das alles im Stadtbereich Sydneys gesehen haben. Bei einem Abendspaziergang über den Platz entdecken wir einen großen Lizard von geschätzten 1,20 Meter Länge. Die Echse liegt auf einem Felsen und wärmt sich den Bauch. Als wir endlich in Fotoposition sind, verschwindet sie flink.

Allmorgendlich werden wir von einem ohrenbetäubenden Vogelkonzert geweckt. Da gibt es rabenähnliche Vögel, die Töne von sich geben, die einem stark gestörten Synthesizer gleichen. Scheinbar wehklagende Raben, deren Geheul so jämmerlich klingt, dass man unwillkürlich zu schmunzeln beginnt. Kleine gelbäugige Vögel, die so furchtlos und dreist sind, dass sie nur mit roher Gewalt von der Teilhabe am Frühstück abgehalten werden können.

Wesentlich sympathischer, wenn auch nicht minder dreist, sind die allgegenwärtigen und kunterbunten kleinen Papageien. Nicht zu vergessen die ungewöhnlich großköpfigen Kookaburra, die hier so manches Wappen schmücken. Sie treten meist in Gruppen auf und legen ein Geschrei und Gekreische an den Tag, dass man meint, eine Affenhorde würde sich durch die hohen Eukalyptusbäume hangeln. Ibisse sind in den städtischen Parks zuhauf anzutreffen. Ein tapsiger Vogel, der mit seiner exotischen Erscheinung eher in die Serengeti als in Sydneys Stadtparks passt.

Den hünenhaften, 140 Kilo schweren und zwei Meter großen Australier Greg Aldis kennen wir aus einem Internetforum für motorradfahrende Abenteuerreisende. Um die Details für ein Motorradtreffen »in der Nähe von Sydney« abzuklären, lädt er uns zum Lunch ein. »In der Nähe« sagt man in Australien auch dann, wenn etwas 350 Kilometer entfernt stattfindet. Ein erster Vorgeschmack auf australische Dimensionen.

Greg repräsentiert den Typus Australier, wie wir ihn in der kommenden Zeit kennen und schätzen lernen werden. Der »Australier an sich« ist nämlich extrem unkompliziert, kontaktfreudig bis überschwänglich, jovial und überaus gastfreundlich. Und immer an einem guten, bequemen Lebensstil interessiert. Bier, Barbecue und ein Haufen guter Freunde spielen eine viel größere Rolle als bei den doch etwas distinguierten Neuseeländern. Während die neuseeländischen Nachbarn den Engländern in Lebensstil, Ausdrucksweise und Benehmen recht nahe kommen, merkt man den Australiern möglicherweise ihre Geschichte als Strafgefangenenkolonie an. Die reine Lebensfreude nebst dem guten australischen Bier scheint vielen Australiern der Treibstoff zu ihrem spaß- und genussorientierten »Australian Way of Life« zu sein. War die unerwartet große Gastfreundschaft schon in Neuseeland sehr beeindruckend, fühlen wir uns hier in Australien oftmals wie alte Bekannte, die endlich den Weg nach Hause gefunden haben.

Die folgenden Tage kümmern wir uns mit Hochdruck darum, an das Motorrad zu gelangen. Aber wie schon in Auckland, ist das auch dieses Mal wieder nicht so einfach und vor allem nicht so schnell umsetzbar, wie wir uns das wünschen. Am Montag legt das Schiff an, am Mittwoch darauf soll unser Container gelöscht und in ein Zolldepot verfrachtet werden. Wie sich bei der verabredeten Abholung herausstellt, ist dies jedoch nicht passiert. Der Container steht nach wie vor im Hafen herum. Die vereinbarten Zoll,- und Quarantänetermine können wir also nicht einhalten und sind gezwungen, sie zu verschieben.

Zu diesem Ärger kommt unser Zollagent, den wir eigens für einen reibungslosen Ablauf eingeschaltet haben. Statt uns zu helfen, präsentiert der Halunke schmierig grinsend eine Rechnung über 880 Dollar. Nach einer lautstarken Diskussion, bei der wir erstmal englische Flüche anwenden können, und dem Verweis auf einen erheblich niedrigeren Kostenvoranschlag, erstellt er schließlich eine neue Rechnung über 380 Dollar. Solche Abzockversuche erwarteten wir eigentlich erst in Asien und im Orient. Dass man uns damit schon in Australien konfrontiert, überrascht. So macht das keinen Spaß.

Greg ist uns eine große Hilfe und chauffiert uns zu den diversen Zoll- und Speditionsadressen quer durch die Metropole. In den erzwungenen Wartezeiten klappern wir die Vororte Sydneys ab und entdecken dabei so manche nette Ecke. Das teure Hard Rock Café hat uns besonders gut gefallen. Aber auch die Vororte Newtown und Chatswood stehen weit oben auf der Prioritätenliste. Erstklassig die Fährüberfahrt nach Manly – eine wunderschöne Sicht auf die Opera und die Harbour Bridge ist garantiert.

Dann ist endlich der Montag da, und wir versuchen erneut an die Twin zu gelangen. Im Depot wissen die Disponenten erfreulicherweise gleich Bescheid. Schon nach kurzer Zeit erscheinen der Zollinspektor und der AQIS-Inspektor, der den Quarantänecheck durchführt. Außerdem stoßen hinzu zwei Disponenten, zwei Lagerarbeiter und ein Angestellter der Reederei. Sollte uns die Anzahl der Begleiter misstrauisch machen?

Als wir die Halle betreten, des Rätsels Lösung: Was da einsam und verlassen in der riesigen Halle steht, erinnert nur noch entfernt an die Transportkiste, die wir in Neuseeland abgeschickt haben. Alle Augen richten sich erwartungsvoll und schuldbewusst auf uns. Tanja bricht in Tränen aus, mich packt die kalte Wut. Von der einst vollständig geschlossenen Kiste fehlen der Deckel und die langen Seitenwände. Sie sind einfach weg. Der sieben Zentimeter dicke Boden ist mehrfach gebrochen, von den fünf Füßen der Kiste sind noch zwei übrig, und die beiden verbleibenden Wände vorn und hinten sind eingedrückt.

Die Gepäckplatte der Africa Twin lugt verbogen aus dem Trümmerhaufen hervor. Irgendjemand hat um das ganze Elend eine Folie gezogen, damit alles zusammenbleibt. Das Motorrad hängt im wahrsten Sinne des Wortes »in den Seilen«. Eine der losen Aluboxen klemmt zwischen Tank und Verkleidung. Wie ist das alles passiert? Als ob Kiste samt Motorrad vom Schiff auf den Kai gefallen wären.

Ich reiße Folie und Bretter auseinander, um mir einen Überblick zu verschaffen. Tanja ist so geistesgegenwärtig und schießt schnell ein paar Beweisbilder. Wir haben Glück im Unglück: Außer der verbogenen Gepäckplatte sind nur einige derbe Kratzer im Tank sowie diverse Dellen und Macken am Rest der Maschine zu beklagen.

Der Reedereimensch schaltet auf stur: Sollten wir auf einer Regulierung bestehen, dürften wir das Motorrad nicht berühren, müssten auf den Sachverständigen warten, der diese Woche keine Zeit mehr habe, und selbstverständlich ab dem dritten Tag Lagergebühren zahlen. Der Mann ist mutig, uns eine solche Frechheit an den Kopf zu werfen, wo wir kurz vor dem Explodieren sind. Aber er sitzt am längeren Hebel. Wir haben weder Lust noch Zeit, die Angelegenheit auszufechten. Also machen wir das Motorrad startklar und erklären dem Reedereimenschen unter Verwendung aller gelernten Kraftausdrücke, was wir von ihm und seiner Firma halten. Zollbeamter und Quarantäneinspektor erkennen den Ernst der Situation und stempeln die Papiere blitzschnell und ohne Kontrolle ab. Auch auf die Beseitigungsgebühren für die Reste der Kiste verzichtet man.

Auf dem Campingplatz das Resümee: Die Schäden sind kosmetischer Natur und nicht gravierend, die Transportkiste hätten wir ohnehin verschrotten lassen müssen, da wir in Darwin eine neue benötigen. Nebenbei haben wir die Entsorgungskosten für die Kiste gespart. Außerdem können wir nun endlich Sydney verlassen. So schön die Stadt auch ist, zehn Tage hätten genügt. Zweieinhalb Wochen waren eine teure Zeitverschwendung.

New South Wales

Der Stress ist vorüber, und wir können uns endlich um Australien »kümmern«. Ein wunderbares Gefühl, loszufahren und den ganzen Ärger hinter sich zu lassen. Mit jedem Kilometer fällt die Anspannung der letzten Wochen von uns ab. Am »Warriors Café«, einem Motorradcafé fünfzig Kilometer vor der Stadt, der erste Stopp. Einen exzellenten Cappuccino und viele gute Wünsche der Besitzer später, folgen wir dem Pacific Highway bis zum 500 Kilometer entfernten Kempsey, wo wir bei Mark Miller ankommen.

Greg Aldis hatte per E-Mail seinen Freunden und Bekannten von uns erzählt, was uns diverse Einladungen einbrachte. Mark ist die erste. Mit ihm und seiner BMW 1150 GS verbringen wir viel Zeit auf Schotterpisten und Waldpfaden rund um Kempsey. Abends sind wir stets völlig erledigt, denn das vorgelegte Tempo ist hoch, wie auch die Temperaturen mit ständig über 30 Grad. Außerdem: Tagestouren unter 400 Kilometer sind in Marks Augen Kinderkram.

Am Freitag fahren wir gemeinsam zu einem Treffen von rund 60 Fahrern, die alle mehr oder weniger zu Gregs Bekanntenkreis gehören. Sie nennen sich »Adventurebiker«. Bevorzugte Motorräder: 950er-KTM, BMW Adventure, Yamaha 750 Super Ténéré. Mit unserer erscheinen auch drei Honda Africa Twin, etwa 20 Prozent des australischen Gesamtbestandes. Die Twin wurde hier nie offiziell verkauft, insgesamt soll es in Australien nur ca. 20 Stück geben.

Der Treffpunkt Moonan Flat ist nur über eine 80 Kilometer lange Schotterpiste durch Eukalyptuswald zu erreichen. Marks Tempo von 100 bis 120 km/h treibt meinen Adrenalinspiegel dermaßen in die Höhe, dass ich, meinem Blutdruck und der schwer beladenen Africa Twin zuliebe, nach einigen Kilometern auf verträglichere 80 km/h reduziere. Veranstaltungsort ist der örtliche Pub, es gibt ein zünftiges Barbecue und kostenlose Zeltplätze nebenan am Fluss.
Anderntags geht es mit Greg und Mark zu einem offiziellen BMW-Treffen, der »Karuah-River-Rallye«. Dieses Treffen gibt es bereits seit 30 Jahren, diesmal sind nahezu 350 Motorräder gekommen. Ein Motorradtreffen wird in Australien »Rallye« genannt, obwohl es außer einem gemeinsamen Camp keinerlei Veranstaltungen bietet, schon gar keine gemeinsame Ausfahrt. Wir wundern uns, und auf Nachfrage erklärt Greg den Unterschied zu europäischen Treffen: »Es gibt keine Ausfahrt, da auf den Schotterpisten durch den Staub der Vorausfahrenden kaum noch etwas zu sehen wäre. Außerdem haben die meisten Fahrer auf der Anfahrt schon reichlich Kilometer abgerissen. Daran mangelt es uns hier nämlich nicht. Nun wollen sie nur noch ein Bier mit Freunden trinken, quatschen, draußen sein und sicher keine Ansprachen hören oder Vorträge sehen. Morgen geht es 500 oder mehr Kilometer wieder zurück.« Aha. So fällt die Begrüßung abends sehr kurz aus, ein paar knappe Fahrervorstellungen, das war's.

Am Sonntag treiben uns die lauten Kakadus um 6.00 Uhr aus dem Zelt. Das ist gut, denn wir wollen heute noch bis in die Blue Mountains nördlich von Sydney, um dort ein paar Tage Pause einzulegen. Denn erstens müssen wir dringend unsere völlig verschmutzten Klamotten und Helme waschen. Zweitens schreit die schotterstrapazierte Honda nach etwas Zuwendung. Von Dienstag bis Sonntag haben wir 2.000 Kilometer zurückgelegt, davon 800 auf Schotterpfaden und Pisten. Das war des Guten zu viel, jetzt brauchen wir dringend ein paar Tage Erholung. In Lithgow, am Rande der Blue Mountains, finden wir eine hübsche Cabin für 65 Dollar die Nacht und genießen den Luxus einer eigenen Toilette, Dusche und Küchenzeile. Ja doch, wir werden immer bescheidener.

In Katoomba steuern wir den Ausblick auf die berühmten »Three Sisters« an. Die drei Schwestern sind isoliert stehende Gebirgszacken inmitten der ausgedehnten Eukalyptuswälder der Blue Mountains. Den Namen haben die blauen Berge übrigens wegen des bläulichen Dunstes, der über dem Gebiet liegt. Er entsteht durch die mikrofeinen Öltröpfchen der dicht an dicht wachsenden Eukalypten. Im Sonnenschein fluoresziert der Dunst dann bläulich – ein eindrucksvolles Panorama.

Wir halten uns weiter südlich und erreichen nach 700 Kilometern die ersten Ausläufer der Snowy Mountains. Auf dem langen Transitweg probieren wir erstmalig einen Pub als Übernachtungsmöglichkeit aus. Nach Campen und Cabin die drittgünstigste Schlafgelegenheit in Australien. Überzeugt hat uns der Pub allerdings nicht: Für 60 Dollar bekommen wir ein modriges Zimmer mit durchgelegenen Betten und ekligem Klo auf dem Flur. Dazu wird bis 3.00 Uhr in der Früh Livemusik gespielt. Am Morgen gibt es kein Frühstück, da der Laden erst gegen Mittag wieder öffnet. So packen wir flott unseren Kram zusammen und zeigen diesem ungastlichen Ort den Rücken.

Der Weg zwischen Inland und Küste macht mächtig Spaß. Mehrmals überqueren wir die Great Dividing Range, eine ausgeprägt hügelige Küstenlandschaft. Auf diese Weise kommen schnell einige kurvige Höhenmeter zusammen.

Schon oft ist uns die Strecke zwischen Bombala und Orbost von einheimischen Motorradfahrern empfohlen worden. Ein einziger Kurvenrausch soll sie sein. Wir sind gespannt und starten die Honda an diesem Tag schon sehr früh. Zunächst führt die Strecke durch dünn besiedelte Graslandschaft. Eine Schotteretappe von wenigen Kilometern ist dabei, jedoch in so perfektem Zustand, dass der Unterschied zum Asphalt kaum zu bemerken ist. Nach etwa 60 Kilometern passieren wir ein Schild, das 105 Kilometer Kurven verheißt. Jetzt scheint die Sache interessant zu werden. So viele Kurven am Stück in Australien? Das passt so gar nicht zu meiner Vorstellung vom roten, topfebenen Wüstenkontinent. Na, wir werden sehen.

Um es vorwegzunehmen: Das Schild hat nicht gelogen. Es war wirklich eine einzige Kurvenorgie, die sich da mitten im dichten, sich selbst überlassenen Urwald abspielte. Kein Verkehr, keine Zeichen menschlicher Zivilisation, nur Kängurus. Die hüpften allerdings derartig unvorsichtig über die Straße, dass ich einige Vollbremsungen hinlegen musste. Nach über zwei Stunden öffnete sich der Dschungel, und die Kurverei war zu Ende. Bei einem Cappuccino mussten wir dieses grandiose Erlebnis erst mal verdauen.

Über das Örtchen Cann River gelangen wir in einem großen Bogen zurück nach Bombala. Ohne anzuhalten rauschen wir durch, immer weiter Richtung Inland, bis wir noch am gleichen Abend in Canberra ankommen. Ein 530 Kilometer langer, wunderschöner Fahrtag endet in der Hauptstadt Australiens.

Nahe Canberra kommen wir diesmal in einem so genannten »On-Site Van« unter. Das ist ein fest installierter Wohnwagen, der für kleines Geld gemietet werden kann. Er kostet nur etwas mehr als ein Zeltplatz, bietet aber den Luxus einer eigenen Küche, eines festen Bettes, einer Sitzecke und eines Fernsehers. Quasi die billigere Variante einer Cabin.

Seit einigen Wochen plagt mich eine Wirbelverrenkung im oberen Rücken. Bei Canberra haben wir über das Internet eine Feldenkrais-Therapeutin ausfindig gemacht, die meine ausgebüchsten Wirbel hoffentlich wieder an Ort und Stelle schaffen kann. Feldenkrais ist eine Art sanfte Bewegungslehre, der wir schon seit Jahren nachgehen, die wir wegen der Reise in jüngster Zeit jedoch ziemlich vernachlässigt haben.

Die Rückenschmerzen sind auch der Grund, weshalb wir nicht mehr so häufig das Zelt aufstellen. Nach einer Nacht am Boden ist auch meine Laune am selbigen. Da ich heute außerdem meinen 34. Geburtstag zu beklagen habe, drängen sich mir existenzielle Fragen auf. Zum Beispiel: »Bin ich zu alt fürs Campen? Was kommt als nächstes? Wann muss ich Fremde ansprechen, damit sie mir aufs Motorrad helfen?« Tanja tut das leichtfertig als einen frühen Schub Midlife-Crisis ab. Ich habe da so meine Zweifel. Gottlob ist nach der Therapiestunde in meinem Rücken wieder alles im Lot und die Schmerzen Schnee von gestern.

Da wir nahe Canberra Station bezogen haben, gehört auch eine Stadtbesichtigung zu unserem touristischen Pflichtprogramm. Canberra feiert 2008 erst sein 100-jähriges Bestehen und wurde aufgrund der Rivalität zwischen Melbourne und Sydney zur Hauptstadt bestimmt. Der Regierungssitz, das Parliament House, ist modernistisch kühl gehalten, in seiner Schlichtheit trotzdem beeindruckend. Die mit nur 330.000 Einwohnern ziemlich kleine Hauptstadt ist komplett am Reißbrett entstanden, was jedoch nichts Schlechtes sein muss, wie Canberra belegt. Der mittig liegende See, die Brücken und die zentrale, pfeilgerade Hauptverkehrsader bieten viel für den städtebaulich Interessierten.

Wer pralles Leben und eine schillernde City sucht, ist jedoch fehl am Platz.

Nach einigen Tagen in und um Canberra packen wir zusammen und machen uns auf den Weg in die Snowy Mountains, die höchsten Berge Australiens. Hier fällt zwischen Juli und September regelmäßig so viel Schnee, um sogar einige wenige Wintersportzentren entstehen zu lassen. Mit allen bekannten Begleiterscheinungen wie überteuerte Preise, verschandelte Landschaft und Massen von Urlaubern. Um einigermaßen vernünftige Übernachtungspreise vorzufinden, fahren wir in ein Seitental nach Jindabyne. Vier Tage buchen wir uns dort in einer netten Cabin ein, um die Bergwelt ohne Gepäck »erfahren« zu können. Einmal über die Straße sind wir schon im Minizentrum des Örtchens und brauchen unsere Lebensmitteleinkäufe nicht weit zu schleppen. Ein Handwerksbäcker – eine echte Rarität in Australien – weiß sogar Nussecken und Ochsenaugen herzustellen. Perfekt.

Der Ausflug nach Thredbo, ins Herz der Wintersportregion, bleibt uns nicht nur wegen seines Streckenverlaufs durch eine urige Berglandschaft in Erinnerung, sondern auch weil wir zum ersten Mal wilde Emus zu Gesicht bekommen. Hinter einer Kehre steht eine Emu-Mutter mit Nachwuchs. Die beiden sind Touristen wohl gewöhnt, denn sie lassen sich von uns nicht stören, picken und scharren in aller Ruhe weiter.

Anderntags fahren wir die 40 Kilometer lange Sackgasse zum Charlottes Pass auf 1.845 Höhenmeter hinauf. Der Pass ist zugleich Endpunkt der Strecke und bietet einen tollen Blick auf die vier höchsten Gipfel Australiens, allen voran den Mt. Kosciusko mit seinen 2.229 Metern. Auf dem Rückweg werden wir von einem heftigen Unwetter mit Blitz, Donner und reichlich Regen erwischt. Da wir wegen der

Hitze die wasserdichte Funktionsmembran aus den Motorradanzügen gezippt haben, sind wir ruckzuck nass bis auf die Haut, und der Fahrtag ist erst mal gelaufen.

Am folgenden Tag brennt die Sonne wieder, als wäre nichts gewesen, und wir umrunden den Kosciusko Nationalpark. Von Jindabyne über Thredbo, Khancoban und Cabramurra windet sich die Strecke bis nach Adaminaby. 200 Kilometer Kurven durch saftig grünen Wald. In Australien. Kaum zu glauben. Auch der Straßenzustand ist besser als sein – neuseeländischer – Ruf.

Victoria

Judy & Malcolm Godde in Albury sind unser nächstes Ziel. Malcolm ist ein Freund von Greg Aldis und hat uns gebeten, bei ihm vorbeizuschauen. Das lebhafte Inlandsstädtchen Albury liegt günstig auf unserer Route. So können wir dem windungsreichen Verlauf des Grenzflusses Murray River zwischen den Bundesstaaten New South Wales und Victoria folgen und in südlicher Richtung noch die viktorianischen Alpen mitnehmen, bevor es letztlich hinab zur Küste nach Melbourne geht.

Judy empfiehlt uns, die historische Goldgräberstadt Beechworth zu besuchen. Eine gute Idee, denn der Besuch ist spannend und gibt einen Einblick in die extremen Arbeitsbedingungen der frühen Glücksritter. Vor allem Chinesen wanderten damals in Scharen ein, um ihr Glück herauszufordern.

Auf dem Rückweg von Beechworth sehen wir auf einem Weizenfeld Dromedare stehen. Kaum zu glauben, aber wahr: In Australien gibt es so viele Kamele und Dromedare, dass sie sogar in den Orient verkauft werden. Wie kommt das? Auf den frühen Expeditionen zur Erforschung des Inlands hatten einige Teams die Wüstenschiffe mitgebracht und sie nicht selten verloren oder bei gescheiterten Expeditionen einfach laufen lassen. Die Tiere vermehrten sich unter der südlichen Sonne prächtig und sind heute in den Wüstenregionen des Westens ein gewohntes Bild.

Über Mansfield, Alexandra und Healesville kommen wir gerade noch rechtzeitig zum Barbecue bei Chris und Sally McArdle in Melbourne an. Dort sitzen bereits zwei weitere Gäste: Peter Wright aus Canberra und die Deutsche Uta Meier aus Cairns. »Wir haben einfach Spaß daran, Motorradtraveller aus aller Herren Länder willkommen zu heißen«, erklärt uns Chris seine Gastfreundschaft. Der Abend ist lang, bevor wir uns in unser Zelt im Garten trollen.

Am nächsten Tag geht es gemeinsam zur nahe gelegenen Rennstrecke auf Phillip Island, wo an diesem Wochenende ein Lauf zur Superbike-Weltmeisterschaft stattfindet. Wieder einmal erfreuen wir uns an der typisch lockeren australischen Atmosphäre sowie an der Möglichkeit, mit der eigenen Maschine den Rennkurs zu umrunden.

Melbournes City kann uns nicht begeistern, die Stadt wirkt bieder und geschäftsmäßig. Als wir auf einer Parkbank sitzen, naht ein Polizist. Oh, falsch geparkt? Nein, Mark Stella hat unser Motorrad entdeckt. Da er ein großer Fan der Africa Twin ist und seit Jahren eine kaufen möchte, hat er 1.000 Fragen, die wir ihm gerne beantworten. Die Umsetzung seines Kaufwunsches gestaltet sich schwierig in einem Land, in dem dieses Modell nie offiziell verkauft wurde. Zum Schluss, wir ahnen es bereits, die Frage: »Wollt ihr nicht ein paar Tage bei mir wohnen?« Leider müssen wir ablehnen, weil schon auf dem Sprung nach Adelaide. »Schade«, meint Mark. »Aber hei, solltet ihr irgendwann Probleme mit der australischen Polizei haben, ruft mich einfach an. Okay? Ich werde versuchen euch zu helfen, wo es nur geht.« Na, das nenne ich ein Angebot.

South Australia

In den nächsten drei Tagen legen wir die insgesamt 1.100 Kilometer von Melbourne nach Adelaide zurück. Über Geelong erreichen wir die berühmte Great Ocean Road und genießen diese wunderschöne Küstenstrecke. Im Licht des Sonnenuntergangs entstehen grandiose Bilder der berühmten »Twelve Apostel« und anderer Steinformationen. Da wir mitten in der Woche reisen, ist der Ausflugsverkehr gering, und es geht gut voran.

Kurz vor Adelaide stoppen wir in Hahndorf. Die Stadt wirbt mit ihrer 200-jährigen deutschen Siedlergeschichte. Da lassen wir es uns natürlich nicht nehmen, eine angeblich original deutsche »Blackforest Tort« zu versuchen. Und: Respekt! Nicht nur Straßen bauen können die Aussies, auch mit dem Nachbacken deutscher Torten liegen sie weit vorn. Bei Fleischwaren hapert es allerdings noch gewaltig. Die blassen, teigigen »Frankfurter Wurstchen« und die australische Vorstellung von »original deutsche Bratwurste« sind vom Original weit entfernt.

Schwarzwälder-gestärkt fahren wir nach Adelaide und finden bei John & Paulette Sargent Unterschlupf. Eine Einladung, klar, was sonst. John traf uns während der Karuah-River-Rallye bei Sydney und hat eine interessante Vorgeschichte: Er stammt eigentlich aus England und fuhr 1976 mit einer brandneuen, vierzylindrigen Honda CB 500 von England über Land nach Australien, wo er hängen blieb. Was er auf seiner mehrmonatigen Überlandfahrt erlebte, ist zum Teil haarsträubend. Eine solche Reise war zu jener Zeit noch ein ganz anderes Wagnis als heute. Alles begann damit, dass er sich und das Motorrad schon auf der deutschen Autobahn wegen eines kapitalen Motorschadens zerlegte. Mehrere Wochen im deutschen Krankenhaus folgten, die Honda wurde in einer BMW-Werkstatt zusammengeflickt. Werkstätten für japanische Maschinen waren damals eine Seltenheit.

Da John noch immer völlig motorradverrückt und zudem mit Leib und Seele Mechaniker ist, möchte er unseren lädierten Kofferträger richten und gezielt verstärken. Eigentlich wollten wir das wegen der günstigeren Preise erst in Bangkok machen lassen, aber so ist es uns auch recht.

Als er uns seine Werkstatt zeigt, sind wir von seinen handwerklichen Fähigkeiten begeistert. So hat er für seine Vierzylinder-BMW eigenhändig ein Beiwagenchassis gebaut. Alle Räder sind untereinander austauschbar, ein zweiter Schwingarm stabilisiert das Motorrad, die Gespanngabel ist ein Eigenbau. Den seiner Meinung nach unterdimensionierten originalen Lenkkopf hat er kurzerhand herausgeschnitten und komplett durch eine massive Eigenkonstruktion ersetzt. Der Clou: Der Beiwagen ist nach Lösen von zwei Schrauben aufwärts klappbar. Insgesamt stehen sieben eigene Gespanne in Johns Garage, die alle darauf warten, umgebaut zu werden.

Strathalbyn ist »der« Bikertreff für Adelaides Motorradfreunde. Über Stirling folgt die kurvenreiche Waldstrecke einem Flusslauf, nach 80 Kilometern kommen wir an und sind gespannt auf die Kollegen. Aber: nichts. Kein einziger Motorradfahrer in einem der vielen Cafés. Liegt vermutlich daran, dass es schon spät nachmittags ist und schwere Wolken über den Himmel jagen.

Tags darauf trennen wir uns von Paulette und John, die uns in dieser kurzen Zeit sehr ans Herz gewachsen sind. Was die paar Tage mit den beiden wieder einmal deutlich gezeigt haben: Die Begegnungen in Neuseeland und Australien sind für uns Kern-Europäer überraschend intensiv, Gespräche verlaufen häufig schon nach kürzester Zeit tief schürfend. Die Offenheit und unkomplizierte Gastfreundschaft »down under« ist überwältigend und für uns völlig neu. Woran liegt das? Wieso kennen wir das von unseren Touren in Europa nicht?

Wir können mittlerweile gut verstehen, warum reisende Europäer hier so oft jahrelang hängen bleiben. Das Leben erscheint irgendwie einfacher, sorgloser, leichter. Es wird zwar länger und meist für weniger Geld gearbeitet, aber man scheint die Zwänge und Verpflichtungen nicht so überernst zu nehmen. Wir geloben feierlich, ein wenig vom australischen Lebensstil nach Europa hinüberzuretten. Ob's klappt?

Im Outback

Ein Zwischenstopp in Quorn, dem Tor zur berühmten Flinders Range, bringt die Entscheidung, diese Outback-Attraktion vorsichtshalber auszulassen. Die Regenfälle der letzten Tage haben die 600 Kilometer lange Piste zu einem unkalkulierbaren Wagnis werden lassen. Bei Regen werden diese Pisten nahezu unfahrbar, und es kann passieren, dass man für Tage oder Wochen festsitzt. Wir entscheiden uns daher für den Stuart Highway, der den Süden mit dem Norden verbindet und die einzige asphaltierte Durchquerung Australiens in dieser Richtung darstellt.

Dann ist sie plötzlich da, die Wüste. Das Outback. Viel darüber gelesen, viel gehört. Schnurgerade zieht sich das Asphaltband unter den Rädern dahin. Horizont? Irgendwo da hinten wird er wohl sein. Abwechslung? Nein, eher nicht. Geröll, Staub, Leere, Stille.

Nach rund 500 Kilometern kommen wir im 3.500-Seelenort Cooper Pedy an. Die Minenstadt, die ausschließlich für die Opalgewinnung existiert, ist dreckig, staubig und abweisend. Bedauernswerte Aboriginals leben in schlimmer Verwahrlosung auf der Straße. Das Leben dreht sich für diese Ureinwohner nur um Alkohol. Die Juweliere am Ort verrammeln augenblicklich ihre Läden, sobald die schafartigen Touristenhorden in ihre stets vorgebuchten, stets klimatisierten Hotelzimmer mit Vollverpflegung und Pay-TV geflüchtet sind. Geflüchtet, genau. Und zwar vor den Myriaden von Fliegen.

Die australischen Buschfliegen können einem in der Tat ganz schön zusetzen und die in den letzten Monaten mühsam erworbene Gelassenheit rauben. Die Viecher sind allgegenwärtig, klein und nervtötend. Außerdem die ausdauerndsten, draufgängerischsten und furchtlosesten Geschöpfe auf Erden. Bevorzugte Landeplätze: menschliche Körperöffnungen aller Art wie zum Beispiel aufgekratzte Mückenstiche, Augen, Nasenlöcher und Ohren. Völlig egal, wie oft man sich wild wedelnd befreit hat, keine zwei Sekunden später gibt es neue Interessenten für das Innenleben des menschlichen Ohres oder der Nasenhöhlen.

Bisher habe ich drei Fliegen durch unbeabsichtigtes nasales Einatmen und eine mittels Ohrschmalz zur Strecke gebracht. Drei Stunden haben mich ihre verzweifelten Befreiungsversuche tief in meinem Kopf wach gehalten bevor sie, vermutlich an Entkräftung, in meinem Gehörgang verendete und endlich, endlich wieder Ruhe herrschte.

Nächstes Ziel der berühmte Uluru, der Ayers Rock. Auch darüber viel gelesen, viel gehört. Was soll man noch schreiben, was nicht schon tausende Vorgänger geschrieben haben? Vielleicht, dass bei uns der Funke sofort überspringt? Dass uns seine Erhabenheit überrascht? Dass sich eine sonderbare Ehrfurcht einstellt? Dass er uns in irgendeiner Weise erregt, sich die feinen Härchen an Nacken und Armen aufrichten? Das dass Auf-ihn-zufahren ein mulmiges Gefühl im Magen hervorruft? Irgendwie ist da eine eigentümliche Spannung zu verspüren, eine aufgeladene Atmosphäre.

Ui-ui-ui, was schreibe ich denn da? Hört sich ja komplett abgedreht und esoterisch an. Doch ich kann nicht anders, will das Erlebnis nicht klein schreiben. Genau so ist es, und genau so fühlt es sich an.

Eigentlich ist der Uluru ja nur ein dicker roter Stein, der im Erzgebirge kaum auffallen würde. Doch hier zieht er täglich tausende Besucher an, die eigens dafür unglaubliche Entfernungen zurücklegen. Also muss an diesem Stein etwas Besonderes sein, das nicht nur uns in seinen Bann zieht. Damit meine ich nicht die sattsam bekannte Fotoansicht. Nein, es ist diese ganz besondere Stimmung, die Stille, die man spürt, wenn man den Felsen umrundet. Tief beeindruckt rollen wir nach Alice Springs hinein.

Mittlerweile ist auch die Ursache für den mysteriösen und beunruhigenden Ölverbrauch der letzten Tage gefunden. Ein losvibrierter Ölfilter war schuld. Wenn ein braver Motor, der noch nie Öl verbraucht hat, plötzlich einen halben Liter täglich trinkt, und wenn dann noch mehr als 3.000 Kilometer Wüsteneinsamkeit ganz ohne ADAC anstehen, kann einem schon mulmig werden.

Doch heute Morgen waren verräterische Ölspuren am Hinterrad zu sehen, was uns schließlich auf die richtige Spur brachte: Die australische Marathonfahrerei unter hoher Belastung inklusive manchem Wellblechpisten-Kilometer geht auch an einer Africa Twin nicht spurlos vorbei. Schrauben am Kofferträger lösten sich, ebenso die Steuerkopf-Mutter nebst Lenkkopflager, was wochenlang für ein seltsames Fahrverhalten sorgte. Und jetzt eben der Ölfilter. Ansonsten sind nach mehr als 20.000 Reisekilometern und einem halben Jahr auf Achse keinerlei Klagen angebracht. Unsere altgediente Honda läuft wie eine Eins und ist ein Ausbund an Zuverlässigkeit.

Im unerwartet angenehmen Alice Springs nisten wir uns für ein paar Tage ein. Die größte Stadt (25.000 Einwohner) im Nirgendwo ist sehr überschaubar und bietet alles, was das Herz begehrt. Erstaunlicherweise sind die Lebensmittel in den zwei großen Discountern keinen Cent teurer als in jeder anderen Stadt an der Küste, was unsere Reisekasse natürlich freut. Wir besichtigen eine Känguru-Aufzuchtstation (Tanjas Idee) und den Desert Park. Der Wüstenpark erläutert die verschiedenen Wüstenzonen, zeigt die erstaunlich vielfältige, vorwiegend nachtaktive Tierwelt und bietet eine sehenswerte Raubvogel-Schau.

Northern Territory

Drei Fahrtage später kommen wir in Darwin an. Hier am letzten Kreisverkehr, 300 Meter vor dem Pazifik, endet der Stuart Highway.

Zwei Wochen waren wir in der Wüste unterwegs, 4.000 Kilometer lang sind wir so gut wie nur geradeaus gefahren. Doch trotz Langeweile und eingeschlafener Körperteile ist es eine gute, bereichernde Erfahrung, einen Kontinent schnurstracks zu durchqueren und sich der Leere einer immensen Wüste auszusetzen. Auf mysteriöse Weise hat es diese grandiose Leere geschafft, sich auf mich zu übertragen. Ich fühle mich wie eine frisch formatierte Festplatte. Gerade in den letzten Tagen gab es immer wieder Momente, wo nicht einmal mehr Gedanken im Kopf herumschwirrten. Ein seltsamer, sehr angenehmer Zustand. Tief entspannt und hellwach komme ich in Darwin an.

Dort sind wir mit dem Marathon-Motorradfahrer Geoff Littlewood verabredet. Man kann es beinahe erahnen – richtig, eine Einladung. Geoff wohnt im Bundesstaat Northern Territory, dem einzigen Bundesstaat ohne Tempolimit. Diese Tatsache in Verbindung mit der größten Entfernung zu jeder anderen australischen Stadt führt dazu, das Geoff nicht selten seine 1100er-Honda Blackbird schnappt und in zwei Tagen bis Adelaide (ca. 3.000 km) oder in drei bis vier Tagen gar bis Sydney (ca. 4.000 km) rauscht. Dass er auf jedem Motorradtreffen die Pokale für die weiteste Anreise abräumt, versteht sich von selbst. Auch dass er alle drei bis vier Jahre seine Motorräder wechseln muss, weil die Motoren hinüber sind.

Gemeinsam befahren wir die einzigen nennenswerten Kurven im ganzen Northern Territory. Die befinden sich im wunderschönen Lichfield Nationalpark, wo es außer Kurven auch jede Menge große Wasserfälle gibt.

Anderntags besuchen wir den Kakadu Nationalpark, um der Fütterung der Krokodile vom Boot aus zuzuschauen. Leider sind wir die einzigen Interessenten, und mit weniger als sechs zahlenden Gästen wird nicht hinausgefahren. Beharrlich warten wir auf weitere Besucher. Irgendwann haben die Veranstalter wohl genug von unserer Penetranz und bieten uns den Trip kostenlos an. Im Fluss wimmelt es nur so vor Krokodilen, die größten sind um vier Meter lang. Auf Armeslänge kommen sie ans Boot und schnellen ihre riesigen Leiber aus dem Wasser, um die vom Boot baumelnden Fleischstücke zu erreichen. Gewaltig und beeindruckend.

Darwin gefällt uns sehr gut. Mit nur 120.000 Einwohnern hat es eine überschaubare, angenehme Größe. Der reizvoll angelegte Hafenbereich und die köstlichen asiatischen Imbissbuden dort sind unsere Favoriten.

Wenn nur das Wetter nicht wäre! Anfang April herrscht noch immer »Wet Season«, das bedeutet 28 bis 35 Grad Temperatur bei 90 Prozent Luftfeuchtigkeit. Alles ist klamm und nass, alle paar Stunden regnet es. Noch nie in unserem Leben haben wir so geschwitzt. Morgens und abends duschen wir kalt und trocknen uns nicht ab, um so wenigstens ein klein wenig Verdunstungskälte zu erzeugen.

Die Organisation des Motorradtransports gestaltet sich diesmal erfreulich einfach. Es gibt nur eine größere Firma für Seetransporte und eine für Lufttransporte. Da unser Wunschziel Kuala Lumpur in Malaysia auf dem Seeweg nur über den Umladehafen Singapur zu erreichen ist, schnellen die Kosten in die Höhe: Der Seetransport soll 860 australische Dollar kosten, etwa 510 Euro. Ohne die üblichen Hafengebühren vor Ort. Da fällt es leicht, sich für den Lufttransport zu entscheiden. Der kommt zwar auf 1.100 Dollar, etwa 660 Euro, doch entfallen jegliche Gebühren, und die Afrikanerin ist sofort wieder einsatzbereit. Beim Seetransport müssten wir mindestens drei Wochen einkalkulieren.

Eine Transportkiste vom Motorradhändler ist mit Geoffs Hilfe fix besorgt, dann ist auch schon Freitag, und wir geben das Motorrad nun schon zum dritten Mal fix und fertig verpackt ab. Die Abwicklung am Flughafen ist vorbildlich. Punkt 9.00 Uhr sind unser Agent, der Gefahrgut-Beauftragte und der Zollmensch zur Stelle. Binnen einer Stunde ist alles erledigt und die Motorradkiste abreisefertig.

Mit Geoff und seiner Freundin Judy feiern wir unseren australischen Abschied bei einem guten Essen in einem irischen Pub. Zweieinhalb Monate und 11.000 Kilometer in Australien liegen hinter uns.

Sonntagmorgen geht der Flieger beinahe ohne uns. Da wir kein Weiterflug- oder Rückflugticket anbieten können, will uns die Malaysian Airline nicht an Bord lassen. Das kommt uns bekannt vor ... Erst der Tipp der Grenzbeamtin, man könne beim Nachweis ausreichender Barschaft über das eigentlich notwendige Ticket hinwegsehen, rettet den Flug. Das Ganze ist trotzdem ärgerlich. Wir haben uns alle Mühe gegeben, wegen des schlechten Umtauschkurses keine australische Währung auszuführen. Nun schleppen wir 700 Dollar nach Asien.

Malaysia

Schnupperkurs Asien

Völlig selbstverständlich klatscht acht Flugstunden später das kostenlose 90-Tage-Visum für Malaysia in unsere Pässe. Ganz einfach, keine Fragen. Trotz noch immer fehlendem Rückflugticket sind wir stressfrei im Hauptstadt-Moloch Kuala Lumpur angekommen. Nach der australischen Einsamkeit, der Weite in der Wüste sowie der im Kopf könnte der Kontrast zur 1,3 Millionen-Metropole größer nicht sein.

Gleich am nächsten Morgen per Taxi zum 70 Kilometer entfernten Kargo-Flughafen, um die Africa Twin abzuholen. Dort weiß man nichts von einem Motorrad. Es sei noch nicht angekommen, heißt es. Der Flug aus Singapur sei verschoben worden, wir sollten morgen Früh, bevor wir uns auf den Weg machten, lieber vorher anrufen. Dienstagmorgen das gleiche Spiel, Mittwoch und Donnerstag auch.

Die Auslieferung scheitert an fehlenden Dokumenten. Die in der Spediteurswelt besonders gefürchteten Bürokraten Singapurs blockieren den Weiterflug, da von den Gefahrgut-Dokumenten statt der geforderten drei nur zwei Kopien vorliegen, und das sei nun mal eine zu wenig. Klarer Sachverhalt.

Wir alarmieren unseren australischen Agenten, der telefoniert eine Weile hin und her, verschickt diverse Faxe, und schließlich trifft das Motorrad am Donnerstagabend in Kuala Lumpur ein. Na also.

Das Abholen geht einfach über die Bühne. Die Flughafenangestellten sprechen gutes Englisch und wissen offensichtlich, was sie tun. Die notwendigen formalen Schritte sind nachvollziehbar, schon nach wenigen Stunden steht die Honda frei auf asiatischem Boden. 20 Dollar Gebühren, fertig. Trotz der dreitägigen Verspätung sind wir sehr zufrieden, das war alles viel, viel einfacher als die Seetransporte zuvor.

Unser erster Eindruck von Malaysia? Die Menschen sind freundlich, höflich, gut gelaunt und ein wenig chaotisch. In Sachen Wetter hat sich leider nicht viel verändert. Hier geht die »Wet Season« offiziell zwar schon im Februar zu Ende, doch ist es jetzt Anfang April immer noch mächtig heiß und schwül. Wenn auch nicht ganz so unerträglich wie in Darwin.

Die im Reiseführer empfohlene Billigunterkunft ist wirklich billig und sehr spartanisch. In unserem gerade noch erträglich schmutzigen Raum gibt es ein schmales Doppelbett mit tendenziell weißen Laken, einen Plastikstuhl, ein vergittertes Fenster und einen Propeller an der Decke. Die Aussicht ermöglicht intime Einblicke in malaysisches Familienleben, denn das Fenster geht zu den vermüllten Hinterhöfen hinaus. Kaltwasserduschen und Toiletten mit Wasserschlauch – selbstverständlich ohne Toilettenpapier – auf dem Flur. Der wichtigste Grund neben dem kleinen Preis von umgerechnet vier Euro pro Nacht ist die passable Abstellmöglichkeit für das Motorrad.

Direkt um die Ecke ein lebhafter Hindu-Tempel. Zig Variationen asiatisch-indischen Essens, Chinatown sowie alle anderen touristischen Highlights sind gut erreichbar. Das tobende Verkehrschaos vor der Tür, die engagierte Betätigung der Hupen und das Aufspüren nicht existenter Verkehrslücken ist atemberaubend und nichts für schwache Nerven. Der Honda und uns tun wir das lieber nicht an und benutzen stattdessen die billigen Taxis. So kommen wir weit herum und haben bereits nach wenigen Tagen die interessantesten Punkte Kuala Lumpurs gesehen.

Selbstverständlich auch die größten Zwillingstürme der Welt, die gigantischen Petronas Twin Towers. Täglich werden 1.320 kostenlose Besuchertickets nach dem Wer-zuerst-kommt-mahlt-zuerst-System verteilt. Wir erscheinen um 9.00 Uhr morgens – alle Tickets weg. Am nächsten Tag stehen wir um 8.00 Uhr auf der Matte – zwei Tickets für uns. Leider stoppen die High-Speed-Aufzüge schon im 41. von 88 Stockwerken. Dort spannt sich die Towerbridge zwischen den beiden Türmen. Höher als 170 Meter (von 452 Meter Turmhöhe) wird man als gewöhnlicher Tourist nicht befördert.

Auf den Märkten aktualisieren wir unsere Bekleidung für kleines Geld und erstehen eine neue Digitalkamera weit unter dem üblichen Preis. Auch packen wir ein großes Paket nach Deutschland, da nirgends sonst die Posttarife so günstig sind: Gerade mal 18 Dollar kostet das zehn Kilo schwere Paket. Wir trennen uns wegen der vor uns liegenden warmen Gefilde von überflüssigen Campingutensilien, immer noch zu warmer Kleidung und wegen des Komplettumstiegs auf digitale Fotografie von einer ganzen Menge Kamera-Equipment. Bei dem nahezu täglichen Hantieren mit dem Gepäck ist jedes Stück weniger eine Erleichterung.

Mehrmals täglich genießen wir die gute asiatische Küche. Ein vollständiges Abendessen für zwei Personen kostet rund drei Euro. Getränke inklusive. Fast kann man hören, wie unsere in Neuseeland und Australien strapazierte Reisekasse erleichtert aufatmet.

Mit viel Mühe haben wir einen unter Fernreisenden bekannten Motorradshop ausgemacht – »Sunny Motosikals« in Kuala Lumpur. Sunny ist eine Institution, wie die vielen

Bilder von Travellern in seinem Büro beweisen. Er und seine beiden Söhne sind wahre Virtuosen am Werkzeug: Schnell, extrem penibel und günstig dazu.

Der Africa Twin ist das Fliegen nicht gut bekommen, das ohnehin schon vorgeschädigte Lenkkopflager ist während des Flugs festgerostet. Nur mit einem beherzten Schlag an den Lenker konnte ich das Lager lösen und taumelnd vom Flughafen wegfahren. Der Hinterreifen müsste ausgetauscht werden, der Motor läuft nicht rund. Vermutlich wegen fest hängender Chokezüge, die schon in Deutschland nicht mehr astrein liefen. Wie sich beim Zerlegen herausstellt, sind auch die Radlager und die Ruckdämpfer im Hinterrad verschlissen. Die originalen Honda-Lager hat Sunny vorrätig und wechselt sie. Unter den neuen Hinterreifen kommt ein verstärkter Motocross-Schlauch, den Rest bestellen wir über eine Adresse in Singapur – ein guter Tipp von Greg Aldis aus Sydney.

Gleich nach der Motorradkur geht es wegen eines Vier-Wochen-Visums zur laotischen Botschaft. Der Angestellte ist zwar überaus freundlich, verlangt für das Visum aber 75 Dollar. Donnerwetter, ein stolzer Preis. Wir zahlen ohne zu murren, denn an der Grenze gibt es fürs gleiche Geld nur zwei Wochen Laos.

Malaysia – das Land

Südostasien, wir kommen. Zunächst geht es südwärts nach Malakka. In der historischen Stadt haben einige Gebäude aus niederländischer und portugiesischer Kolonialzeit die Jahrhunderte überdauert. Die Völkervielfalt ist hier traditionell sehr hoch, bedingt durch die Lage an der belebten Seestraße von Malakka und durch die Funktion als Versorgungsstation für Seefahrer.

Malakka ist darüber hinaus ein Horrortrip für Selbstfahrer. Die meisten Straßen sind Einbahnstraßen, die Beschilderung ist extrem klein und unübersichtlich. Die Stadt ist rasant und chaotisch gewachsen und beherbergt mittlerweile um die 650.000 Einwohner. Ständig springt in der irren Hitze der Ventilator der Africa Twin an, die Kupplung trennt wegen des überhitzten Öls schon längst nicht mehr sauber.

Die Einheimischen sind beim Zurechtfinden keine Hilfe. Wann immer wir nach dem Weg fragen und unseren Stadtplan präsentieren, folgt zunächst ein langes Studium des Plans und viele Schweißperlen später eine bestimmte und detailreiche Wegbeschreibung, die garantiert nicht stimmt. Als nach langen Irrfahrten endlich eine Unterkunft gefunden ist und wir uns die Stadt in aller Ruhe zu Fuß anschauen können, sind wir schnell wieder versöhnt. Das niederländische »Stadthuys« im Zentrum hat eine wundervolle Architektur und besitzt viele interessante Museen. Der letzte Schrei auf den Straßen sind möglichst bunte, plastikblumenbehängte Fahrrad-Rikschas. Die vornehmlich chinesischen Touristen sind ganz wild auf eine Fahrt mit den Dingern.

Hinter Malakka queren wir die Halbinsel Malaysia und fahren rüber zur Ostseite, das sind nur 150 Kilometer. In Mersing legen wir einen Übernachtungsstopp direkt am Meer ein. Das soll die angeblich so malerische Küste des Ostens sein? Hafen und Küstenbereich sind völlig vermüllt. Das einzig Schöne ist der Ausblick auf die vorgelagerten Inseln. Man sollte mit dem Boot dort hinüberschippern und ein paar Tage Strandurlaub einstreuen. Doch wir trauen uns nicht, das Motorrad alleine auf dem Festland stehen zu lassen. Mitnehmen geht leider nicht.

So ziehen wir am nächsten Tag weiter, immer an der Küste entlang Richtung Norden. Die »malerische Küste« wird um keinen Deut schöner. Also in einem Rutsch hoch bis in die Genting Highlands bei Kuala Lumpur. Ein neuer Highway, der so neu ist, dass er noch nicht in den Karten verzeichnet ist, bringt uns mitten in die Berge hinein.

Nach 450 Kilometern taucht auf dem Gipfel der Genting Highlands ein Hotelkomplex auf. Auf engstem Raum stehen dicht gedrängt gigantische Wolkenkratzer-Hotels, keines unter 20 Stockwerken hoch. Alleine die Lobby des »First-World-Hotel« würde so manchem Flughafen zur Ehre gereichen. Um sich über Preise und Verfügbarkeit von Zimmern zu informieren, muss man wie in Bielefeld auf der Zulassungsstelle eine Nummer ziehen. Tanja tut das und bekommt die 7.822 – der Zähler steht bei 7.359. Interessanterweise herrscht gerade Nebensaison. Nicht vorzustellen, was hier in der Hochsaison los ist. Einige Kilometer weiter im Tal finden wir ein normales Gasthaus.

Am nächsten Tag Fahrspaß pur. Der Tipp kommt vom Gastwirt: Zuerst hinab ins Tal und dann wieder hinauf nach Bukkit Tinggi. Das ist ebenfalls ein Hochland-Resort, aber deutlich ruhiger, weil man sich dort dem Edel-Tourismus verschrieben hat. Der Chef hatte Recht, die Straße ist ein Traum: Null Verkehr, perfekte Bögen, Kurvenradien jeglicher Art, alles garniert mit extrem griffigem Asphalt. Leider müssen wir ein ganzes Stück vor dem Gipfel umkehren, denn dort wird Eintritt verlangt. Aber auch ohne den Schlussspurt hat sich der Ausflug voll und ganz gelohnt.

Nur 250 Kilometer trennen uns von den Cameron Highlands, so kommen wir entspannt schon am Mittag in der Hauptstadt der Highlands, in Tanah Rata, an. Karte und Reiseführer versprechen einen weiteren malaysischen Lekkerbissen: rund 90 Kilometer reine Kurvenstrecke vom Tal bis auf 2.000 Höhenmeter. Und auch diesmal kommt Freude auf. Bei diversen Ausflügen kommt die Reifenmitte jeweils nur kurz beim Wechsel der Schräglage zum Einsatz. Diese Highlands sind ein Kurvenrevier allererster Güte. Ebenfalls erfreulich: Die Temperatur ist von schwülen 33 Grad auf frische 23 Grad gefallen.

Die Menschen in den Highlands sind ausgesprochen gelassen und freundlich. Unterwegs schauen wir bei einer Familie herein. Vater, Mutter und Sohn leben spartanisch in einem Bambus-Palmwedel-Haus nahe der Straße. Die Wäsche wird im Bergbach gewaschen, als Haustiere fungieren angeleinte Affen, eine schwer zu bestimmende Anzahl von Hunden hechelt um uns herum. Der Hausvorstand kaut auf einer großen Portion »irgendwas« und macht einen verdächtig langsamen Eindruck. Alle paar Sekunden spuckt er roten Saft aus. Wenn das mal nicht die beliebte, abdröhnende Betelnuss ist.

Unterwegs schweift der Blick über weite Teeplantagen, ein buddhistischer Tempel lädt zur Besichtigung ein, Farmen bieten Fremdenzimmer an. Deutlich ist der englische Einfluss aus Kolonialzeiten zu erkennen: Jeder Bergbauer wirbt mit seinen allerbesten und selbst hergestellten Scones zum Tea. Haben die Engländer den Kolonien vielleicht doch nicht nur Schlechtes gebracht? Nach erholsamen und wunderbar kühlen Tagen in der frischen Bergluft fahren wir zu unserem letzten Ziel in Malaysia, zur Insel Penang.

Vom Festland führt eine Brücke hinüber, und nach der üblichen Schweiß treibenden Unterkunftssuche kommen wir in Georgetown, der Metropole der Insel, im Oasis Hotel unter. Was wir nicht wissen: Es steht in der »Love Lane«, dem anrüchigsten Viertel der Stadt. Was wir bei Tageslicht ebenfalls nicht bemerken: Das Oasis ist nicht einfach nur ein Hotel, es ist vor allem der Arbeitsplatz von willigen »Damen« zweifelhaften Geschlechts – der asiatischen LadyBoys. Das sind schwule Männer, die als weibliche Prostituierte arbeiten und sich großer Nachfrage und Ansehen in der Bevölkerung erfreuen. Die Freier geben sich nächtelang die Klinke in die Hand, von erholsamer Nachtruhe kann keine Rede sein.

Georgetown ist auch am Tag geschäftig, bizarr und bunt. Zentral liegen sich der chinesische und der indische Markt mit ihren köstlichen, endlosen Fressständen gegenüber. Besonders gut gefällt uns auch hier die starke Durchmischung der Völker und Religionen. Die Stadt ist gepflastert mit verschiedensten Tempeln, Moscheen und Kirchen. Hier ruft der Muezzin zum Gebet, dort verbrennen Hindus Räucherstäbchen. Im nächsten Augenblick geht die indische Sari-Verkäuferin zum China-Mann und trifft sich dort mit ihren moslemischen Freundinnen zum Essen. Dazwischen weißhäutige Rucksack-Touristen aus aller Herren Länder. So etwa muss Babylon ausgesehen haben.

Zum ersten Mal auf unserer Reise probieren wir klassisches Strandleben aus. Wenige Kilometer entfernt liegt das Badeparadies Batu Ferringhi, wo wir direkt am Strand mehrere köstliche Eiskaffees kippen und mit dem Kellner über Motorräder plaudern. Nachmittags klappern wir die restliche Insel ab. Ein perfektes Motorradrevier auch hier: Im Inneren des Eilandes warten Hügel und Kurven satt.

Bei der morgendlichen Suche nach einem Frühstückscafé treffen wir Susi Rettig und Bernhard Mittenhuber, ein österreichisches Pärchen auf KTM. Genau wie wir reisen auch sie auf nur einem Motorrad um die halbe Welt, noch dazu auf einem rappeligen, vibrierenden Einzylinder. Mangelnde Leidensfähigkeit kann man den beiden nicht vorwerfen. Beim gemeinsamen Früchtefrühstück mit Cappuccino vergeht die Zeit rasend schnell, und das Frühstück zieht sich bis in den Mittag.

Noch zwei Tage genießen wir das wuselige Inselstädtchen, dann verabschieden wir uns Ende April von Malaysia. Nur noch 150 Kilometer trennen uns von der thailändischen Grenze. Die Zöllner dort sind freundlich und unkompliziert und wünschen uns eine gute Weiterfahrt. Malaysia hinterlässt einen ausgesprochen positiven Eindruck. Wer zum ersten Mal asiatischen Boden betritt, kommt hier bestens zurecht. Asien für Anfänger oder Schnupperkurs Asien.

Thailand

Der Süden

Zunächst decken wir uns mit Baht ein, der thailändischen Währung. Schon im ersten Dorf nach der Grenze haben wir Glück, die Straße ist mit Geldautomaten quasi gepflastert. Wie immer verlassen wir uns völlig auf EC- und Kreditkarten und schleppen kein Bargeld mit uns herum. Gemäß der Maxime: »Was nicht da ist, kann weder verloren noch geklaut werden.«

500 Kilometer Landstraße stehen heute an. Erster Unterschied zu Malaysia: Die Straßen sind zwar in Ordnung, der Verkehr ist jedoch deutlich chaotischer. Man muss permanent hochkonzentriert sein, um nicht überfahren oder abgedrängt zu werden. Die enorme Hitze macht das alles nicht einfacher.

Besonders spannend wird es, wenn der entgegenkommende Verkehr überholt. Den Fahrern ist es vollkommen egal, ob da ein Motorrad auf sie zukommt. Man blendet auf und geht davon aus, dass das Motorrad rechtzeitig in den Graben ausweicht. Die Besatzungen der allgegenwärtigen Mopeds sind nicht weniger mutig: In Malaysia besetzen die kühnsten Fahrer ein Moped mit maximal vier Personen. Darüber können die Thais nur müde lächeln. Fünf Personen plus geschätzte zehn Plastiktüten sind ein übliches Bild in den Dörfern. Auch das führerscheinpflichtige Alter der Fahrer scheint keine Rolle zu spielen – immer wieder überholen uns Kinder mit locker 100 Sachen in Badelatschen, kurzer Hose und mit flatternden Haaren.

Die Route nach Ao Nang nahe der Stadt Krabi ist laut Karte die Hauptautobahn in den Norden Thailands. Und diese Autobahn hat ihre besonderen Regeln. Sie führt mitten durch Dörfer, die Verkehrsteilnehmer müssen nicht zwangsläufig Menschen, sondern können auch Ochsen, Kühe, Hunde, Schlangen und Hühner sein. Gefahren wird so schnell es geht, reglementierende Straßenschilder haben keine sichtbare Verhaltensänderung zur Folge. Wenn die Fahrspuren getrennt sind, heißt das noch lange nicht, dass mit keinem Gegenverkehr zu rechnen ist. Besonders Kinder und alte Leute auf Mopeds sehen das nicht so eng. Gerne wird auch mitten auf der Überholspur geparkt, um ein Päuschen zu machen. Die ganz Harten packen dann noch das typische thailändische Ruhebett aus, eine Bambusliegefläche auf kurzen Beinen, und stellen es neben das Auto.

Ergebnis dieses todesmutigen Verhaltens? Wir sind zu kurz im Land, um uns ein Urteil bilden zu dürfen. Immerhin haben wir am ersten Fahrtag drei schwere Unfälle gesehen.

In Ao Nang ergattern wir einen hübschen Bungalow für sechs Euro pro Tag. Bei Foto- und Erkundungsfahrten im Tageslicht stellt sich heraus, dass wir im Paradies gelandet sein müssen. Ringsum ist die Küstenlandschaft umgeben von trutzigen Karstgebilden. Steindolmen und malerisch überwucherte Steilfelsen überall. Dazu das türkisfarbene Meer und die angenehme Relaxtheit der Vorsaison. Einfach herrlich. Klar, dass wir hier ein paar Akklimatisierungstage einlegen. Genüsslich lernen wir die thailändische Küche mehr und mehr zu schätzen, nur mit dem Frühstück sind wir nicht ganz zufrieden: labberiger Toast, quietschig süße Marmelade, plörriger Nescafé.

Durch die wunderbar felsige Region geht es weiter nordwärts, bis wir bei Phang Nga Kurs Süden nehmen und die

Brücke auf Ko Pukhet überqueren. Tief im Südwesten der Insel finden wir bei Kata ein erstklassiges Zimmer für acht Euro. Wieder mal spielt uns die Vorsaison in die Hände, denn da die Bungalowanlage leer steht, lässt es sich gut verhandeln. Wir entspannen am Meer und vertreiben uns die Zeit mit Strandleben.

Auf dem Weg zur Stadt Pukhet stehen Elefanten-Warnschilder am Straßenrand. Kein Wunder, wartet doch ein paar Meter weiter ein Elefanten-Trekking-Unternehmen auf Gäste. Das Ganze ist so faszinierend, dass wir gleich ein paar Stunden stehen bleiben, schauen und staunen. Wegen der Elefanten in Streichelreichweite, wegen der asiatischen Wildschweinfamilie und wegen des extrem entspannten Gibbonaffen Charles, der sich von seinem besten Menschenfreund ausgiebigst das Fell säubern lässt. Die Leute gehen sehr angenehm mit den Tieren um und erklären uns bereitwillig, was wir wissen wollen.

Pukhet ist weder schön noch einladend. Wie erwartet überall männliche Europäer, meist jenseits der 50, die ungeniert mit – hoffentlich – volljährigen Thaimädchen herumturteln, als ob sie soeben die Liebe ihres Lebens gefunden hätten. Das ist wirklich krank.

Auf dem Rückweg fahren wir durch Gegenden, in denen die Tsunami-Auswirkungen von 2004 noch zu erkennen sind. Man sieht Evakuierungs-Schilder und zerstörte Strandhütten. Dabei hatte die Insel noch Glück im Unglück – die Flutwelle verursachte nur Sachschäden.

Der Westen

Strandleben schön und gut – uns zieht es weiter. Im Norden Thailands erhoffen wir angenehmere Temperaturen als die heißen küstenüblichen 33 Grad und bessere, sprich verkehrsärmere, Motorradstrecken. Also auf in Richtung Norden.

Zwischenstopp bei dem deutschen Auswanderer und Motorradfahrer Klaus Zelm in Bang Saphang. Über ein internationales Motorradforum haben wir uns kennen gelernt und ein Treffen verabredet. Der 35-jährige Klaus lebt mit seiner einheimischen Frau und Kindern seit fünf Jahren in Thailand und hat jede Menge interessante Asiengeschichten auf Lager. Durch ihn lernen wir auch unser neues Lieblingsgericht kennen: »Curry Massaman«. Eine Art süß-scharfes Schweinegulasch mit Kartoffeln, Möhren, Erdnüssen und Ananas. Phänomenal.

Wir bleiben nur eine Nacht in Bang Saphang. Direkt am Meer ist es einfach zu heiß, dazu reichlich schwül. Die Luft steht still, und wir kommen in der Bambushütte am Sandstrand vor lauter Schwitzen kaum zum Schlafen.

400 Schweiß treibende Kilometer sind es bis Kanchanaburi im Südwesten Thailands. Da selbst der Fahrwind nicht kühlt, kommen wir klatschnass dort an. In Kanchanaburi stoßen wir – unerwartet – auf die schicksalsträchtige Brücke über den River Kwai. Geographisch und historisch etwas desorientiert, haben wir diese durch den gleichnamigen Spielfilm bekannt gewordene Brücke irgendwo in den Tiefen des großchinesischen Reiches vermutet. Fataler Irrtum. Auch ohne die Brücke hätten wir in der 55.000-Einwohner-Stadt einen Stopp eingelegt. Sie ist wegen ihrer guten touristischen Infrastruktur prima geeignet, um einen oder mehrere Ruhetage einzulegen.

Die Abfahrt am nächsten Morgen verspätet sich – eine dreißigköpfige Gruppe von Menschen tanzt auf der Straße und will uns mitnehmen. Der Grund der Ausgelassenheit sind die beiden glatzköpfigen jungen Männer in ihrer Mitte. Wie jeder anständige junge Thai gehen auch sie nun für zumindest einen Monat in ein buddhistisches Kloster. Den Familien ist dabei nie ganz klar, wie das laufen wird, denn manche Novizen bleiben länger und nicht wenige für immer. Doch wie immer die Geschichte auch ausgeht, stets ist sie sehr ehrenvoll für die Familie. Buddhistische Mönche sind in der thailändischen Kultur hoch angesehen.

Die Gruppe tanzt ohne uns weiter, und wir kommen abends nach einer 500 Kilometer langen Fahrt auf den heißen, langweiligen Highways spät abends in Mae Sot an, in Spuckdistanz zur burmesischen Grenze.

Der Norden

Die überhaupt nicht schnellen Schnellstraßen lassen wir für die kommenden Wochen erst einmal hinter uns, denn wir sind endlich im bergigen Nordthailand angekommen. Es tut unglaublich gut, nach diesen langen monotonen Tagen durch schattig-kühle Wälder und kurvige Bergregionen zu schwingen.

Mae Sot gefällt uns nicht nur wegen der angenehmeren Temperaturen sehr gut, es ist auch eine sehr bunte, vielfältige Stadt. Nur vier Kilometer sind es zur thailändisch-burmesischen »Friendship-Bridge«, die für Individualreisende mit eigenem Fahrzeug unpassierbar ist. Wegen der Minderheitenverfolgung in Burma sind viele Menschen über die grüne Grenze nach Thailand geflohen und haben Mae Sot dieses besondere Flair gegeben.

Der große Markt bietet reichlich Motive für die Kamera: Männer in Sarongs mal mit, mal ohne langen Ziegenbart, Frauen in bunten Gewändern, die alle möglichen und unmöglichen Lasten auf dem Kopf balancieren, Turbanträger, buddhistische Bettelmönche.

Auch die Angebote des Marktes lassen unsere Augen überquellen. Die Burmesen schätzen das Außergewöhnliche: dicke Kröten im Netz, in Curry gewendete sowie naturbelassene Riesen-Heuschrecken, zehn Zentimeter große kakerlakenähnliche Insekten, kleine schwarze Käfer, junge Schildkröten, Vögel und sonstiges quicklebendiges Viehzeug. Neben vielem, was wir lieber nicht gesehen hätten, können wir beobachten, wie potentielle Kunden die Frische der lebenden Rieseninsekten prüfen: Man drehe den Käfer auf den Rücken und schnuppere ausgiebig am Hinterteil. Gewöhnungsbedürftig.

Schilder und Wegweiser sind in burmesisch, chinesisch und thailändisch geschrieben, englische Hinweise werden immer seltener. Westliche Reisende haben wir schon seit Tagen nicht mehr gesehen. Die Preise für Unterkunft und Essen sind deutlich nach unten gegangen. Leicht schaffen wir es, mit sechs Euro am Tag über die Runden zu kommen. Ein weiteres sicheres Zeichen für touristisches Niemandsland. Gut so. Wir bleiben länger als gedacht.

Das geringe Tagesbudget liegt zunächst daran, dass wir uns viel in den Städten und Ortschaften aufhalten und entsprechend wenig Sprit verfahren. Zudem kosten die einfachsten Unterkünfte nur drei bis vier Euro, an den köstlichen Garküchen zahlen wir nie mehr als ein bis zwei Euro. Dafür gibt es riesige Portionen frisch zubereiteter Nudelsuppe, die für Stunden vorhält. Auf diese Weise kommen wir ausgesprochen günstig über die Runden. Zwar zum Preis recht schäbiger Unterkünfte, doch das lässt sich verschmerzen, da wir tagsüber ohnehin immer unterwegs sind und in den Zimmern nur übernachten.

Viel Zeit erfordert die Diskussion der Frage, ob wir nach Kambodscha fahren sollen oder nicht. Langsam und unerbittlich beginnt nämlich die Monsunzeit und dann soll der Straßen- und Pistenzustand besonders schlecht sein. Böse Schlammschlachten könnten uns erwarten. Die Entscheidung es trotzdem zu wagen, entsteht nach Gesprächen mit anderen Travellern und der Einsicht, die vielleicht einmalige

Gelegenheit, Kambodscha zu besuchen, nicht ungenutzt verstreichen zu lassen.

Zunächst genießen wir den phantastischen »Mae Hong Son Loop«, eine mehrere hundert Kilometer lange Rundtour entlang der thailändischen Nordwestgrenze. Unterwegs legt Tanja einen motorradfreien Tag ein, und ich gehe alleine und ohne Gepäck den höchsten Punkt Thailands an, den Doi Inthamon mit seinen 2.561 Höhenmetern. Nach unglaublich vielen Kurven und Kehren komme ich zähneklappernd oben an – die Temperatur ist von 29 auf 16 Grad gefallen. Mir ist eiskalt. Außer einem Schild, das mir versichert, ich stünde auf dem höchsten befahrbaren Punkt Thailands, gibt es nicht viel zu sehen. Auf dem kurvigen Rückweg durch die dichten Wälder des Nordens verweigert die Africa Twin plötzlich den Dienst. Na wunderbar! Da bin ich einmal alleine unterwegs, und prompt geht es in die Hose! Nach zehnminütigem ratlosem Forschen springt sie wieder an, als ob nichts gewesen wäre.

In Mae Sariang stoßen wir auf Chris und Elke Vrijsen aus Belgien. Die beiden sind schon fast ein Jahr mit ihren Honda Transalp unterwegs. Sie möchten gar nicht daran denken, dass schon bald ihr Flugzeug nach Hause gehen wird. Beim gemeinsamen Abendessen in einem Terrassenrestaurant hoch über dem Fluss schwärmen die beiden Mittdreißiger vom pakistanischen Karakorum Highway und zeigen so tolle Fotos, dass wir es kaum erwarten können, selbst dorthin zu kommen. Bei dem einen oder anderen »Tiger Beer« entstehen brauchbare Ideen für unsere weitere Reiseroute.

Auch ohne diese aufschlussreiche Begegnung mit den beiden Belgiern würde uns das kleine Städtchen noch lange in Erinnerung bleiben. Es hat einfach Atmosphäre und liegt wunderschön malerisch an einer Flussbiegung. Darüber hinaus geht das Leben hier besonders gemächlich seinen Gang, was der reinste Balsam für unsere gestressten Reiseseelen ist. Gerade in den letzten Wochen haben wir in diesem ganzen irren Straßenverkehr etliche Kilometer abgerissen, dazu der drohende Monsunbeginn und die große Hitze. All das sitzt uns ganz schön in den Knochen.

Ein paar Tage später erreichen wir Mae Hong Son. Bei der üblichen lieb gewonnenen Nudelsuppe zu Mittag, am liebsten von der Garküche am Straßenrand, spricht uns ein kanadischer Motorradfahrer an. Ein interessanter Typ mit beneidenswertem Job: Er ist Promotionfahrer für BMW und wird dafür bezahlt, an die schönsten Orte zu fahren, um dort Motorräder abzulichten. Auf diese Weise konnte er viel Reiseerfahrung in Südostasien sammeln. »Ihr werdet ziemlich sicher ein Problem bei der Ausreise bekommen, weil ihr keine Importpapiere für eure Honda vorweisen könnt,« klärt er uns auf. Mist. Wie hatten wir uns gefreut, dass die Einreise nach Thailand so schnell und einfach über die Bühne ging und das Motorrad so gar keine offizielle Beachtung erfuhr. Ändern können wir nichts mehr, wir werden einfach abwarten, was passiert, wenn wir nach Laos einreisen. »Kambodscha?«, meint er zum Schluss, »unbedingt hinfahren. Die Straßen sind besser als ihr Ruf.«

Suppengestärkt und mit einer neuen Sorge im Gepäck erreichen wir bald das nahe Sop Pong, wo wir das Schild hinauf zur »Lisu Hill Tribe Lodge« erspähen. Gut, dass wir am Fuß des Berges noch nicht ahnen, was auf den nächsten acht Kilometern auf uns wartet: 600 Höhenmeter übelste Lehmpiste. Manche Anstiege sind so steil, dass das Vorderrad haltlos über die derben Huckel rattert. Als wir endlich oben ankommen, beschäftigt uns nur noch ein Wunsch: Es möge bitte trocken bleiben. Sollte es in der Nacht regnen, hätten wir morgen auf dem spiegelglatten Lehm nicht den Hauch einer Chance.

Die Gastfreundschaft von Andy, dem hemdsärmeligen englischen Besitzer dieses kleinen Paradieses lässt uns die Regengefahr fürs Erste verdrängen. Seine einheimische Frau kocht exzellent, wir sind die einzigen Gäste und werden von den Einwohnern des Dorfes mindestens genauso neugierig bestaunt, wie wir das mit ihnen tun. Unsere Schlafstätte ist authentisch in einem hölzernen Pfahlbau untergebracht. Palmdach und Moskitonetz inklusive. Es bleibt über Nacht übrigens trocken.

Einen halben Tag, 200 Kilometer und eine Probepackung Monsunregen später finden wir »Jonadda«, unser Backpacker-Domizil für die Zeit, die wir in und um Chiang Mai verbringen wollen. »Jonadda« ist ein Insidertipp unter Motorradtravellern, denn John Nash, der australische Besitzer, kennt die besten Motorradstrecken, Motorradläden, lohnenswerte Ziele und alles, was es sonst noch über Nordthailand zu wissen gibt.

Johns Werkstatt nutzen wir, um der Ursache für das in letzter Zeit immer häufigere, unerklärliche Absterben des Motors auf den Grund zu gehen. Als leidenschaftlicher Hobbyschrauber lässt John es sich nicht nehmen, kräftig mitzumischen. Er stellt den Schwimmerstand in den Vergasern neu ein und hält alle nötigen Werkzeuge bereit. Doch alles Suchen bringt kein Ergebnis. Die vermutet schmutzigen Vergaser und der Tank präsentieren sich blütenrein. Alle Filter sind sauber und durchlässig, alle Schläuche in gutem, knickfreien Zustand. alle elektrischen Steckverbinder tadellos. Um keinen Deut schlauer bauen wir nach einem langen Schraubertag alles wieder zusammen.

Chiang Mai ist mit 250.000 Einwohnern die drittgrößte

Stadt Thailands und überhaupt einer der besten Plätze zum Leben in diesem Land. Trotz der Größe geht es beschaulich zu, die Luft ist frisch und weniger schwül, die Temperaturen milder. Neben diesen klimatischen Vorzügen liegt Chiang Mai auch noch sehr idyllisch, eingebettet von den wunderschönen Bergen Nordthailands. Kein Wunder, dass es hierher besonders viele »Farangs«, wie Fremde auf Thailändisch genannt werden, gezogen hat. Erstaunlich viele von ihnen fahren Motorrad, was Chiang Mai quasi zum Zentrum der Motorradszene Thailands macht.

Innerhalb der Stadtgrenzen gibt es mehr als 300 Tempel. Fast alle sind eine Augenweide, und so manches Mal fragen wir uns, ob in der Stadt wohl mehr Mönche als Zivilpersonen leben?

Auf Empfehlung anderer Motorradreisender besuchen wir »Joe's Bike Team« gleich um die Ecke. Wir möchten den Vorderreifen noch vor Laos und Kambodscha tauschen, da die Chancen, dort einen neuen zu finden, schlecht sind. Tatsächlich hat Joe den passenden Reifen für uns. Der Dunlop ist zwar aus thailändischer Produktion, für umgerechnet 17 Euro dafür spottbillig.

Das Behelfs-Distanzstück auf der Vorderachse, das schon seit unserer Ankunft in Neuseeland für ein wackeliges Fahrverhalten sorgt, können wir endlich gegen eine Maßanfertigung tauschen, denn drei Häuser weiter gibt es eine Metallwerkstatt mit Drehbank. Bei der Reifenmontage entdeckt Joe Mallitzke, der deutsche Auswanderer, dass die Aluminium-Korrosion in der Vorderradfelge erheblich fortgeschritten ist. Er schleift, poliert und lackiert sie von innen neu.

Bei der anschließenden Probefahrt entpuppt sich der Motorlauf als Katastrophe. Ob John Nash vor zwei Tagen die Vergaser falsch eingestellt hat? Zurück zu Joe. Der baut in Rekordzeit alles auseinander und stellt kopfschüttelnd und fluchend die Schwimmerstände wieder auf Originaleinstellung zurück. Dann noch die Abgleichung der Gemischschrauben und die Synchronisation. Und siehe da – schon läuft sie wieder. Für seine gesamte Arbeit verlangt Joe umgerechnet 40 Euro, Vorderreifen inbegriffen.

Zurück im »Jonadda« wartet ein Zettel auf uns, auf dem Chris und Elke Vrijsen mitteilen, sie seien in der Stadt und würden sich gerne noch einmal mit uns treffen. Klasse. Beim gemeinsamen Frühstück raten sie uns angesichts der vergangenen Regentage davon ab, den angepeilten nördlichen Grenzübergang nach Laos zu nehmen, da die Dschungelpiste dort eine einzige Schlammpartie sein soll.

Also gut. Da es mittlerweile mehrmals täglich regnet, nehmen wir den Rat der Vrijsens an und steuern den Haupt-Grenzübergang zu Laos bei Vientaine an. Das bedeutet 1.200 Kilometer Umweg. Um das Nützliche mit dem Angenehmen zu verbinden, suchen wir eine fahrerisch und landschaftlich schöne Strecke aus, um auf dem langen Weg möglichst viel Spaß zu haben.

Der hält sich in Grenzen, da das Wetter unbeständig bleibt. Immerhin: Auf den wenigen trockenen Kilometern entpuppt sich die Haftung des neuen Pneus als zufriedenstellend. Über Nan, Phrae und Uttaradit gelangen wir nach Phitsanulok. Unterwegs mitten im Wald ein Schild mit der Aufschrift: »Smile Eye Homestay«. Bei einem solchen Namen muss man einfach anhalten. Außerdem gießt es gerade mal wieder. Wir folgen dem lehmigen Waldpfad und gelangen auf einen thailändischen Bauernhof. In der Mitte des Hofes stehen vier Bambushütten, die tatsächlich für Touristen vorgesehen sind. Normalerweise verdienen die Besitzer ihr Geld mit der Gewinnung von Kautschuk, die Zusatzeinnahmen durch Reisende nehmen sie jedoch gerne mit.

Das alte Bauernehepaar richtet in aller Eile unsere Hütte her. Sie ist einen Meter über dem Boden montiert, das Dach besteht aus kunstvoll drapierten Bambusfasern. Die Wände werden seitlich weggeklappt, ein dünner Teppich ausgelegt, darauf kommen knallharte, zentnerschwere Matratzen – fertig. Als Kopfkissen fungieren rechteckige, stoffbespannte Klötze. Die sind genau so hart und schwer wie die Matratzen. Ob sie mit Kieselsteinen oder nassem Sand gefüllt sind? Der Liegekomfort lässt das vermuten.

Die Verständigung wird schwierig, da die beiden netten Bauern kein einziges Wort Englisch sprechen. Doch wofür sind die Menschen mit Händen und Füßen ausgestattet? Am Abend werden wir mit Mangos und allerlei bis dato unbekannten Früchten gemästet, später gibt es Reis, Gemüsesuppe und Kräuteromeletts. Beim Essen mit Stirnlampe fängt der Hausherr einige fürchterlich große, ziemlich interessante Insekten. Durch einen flinken Griff in die Luft. Zack! Nur seinem Gehör vertrauend. Unnötig zu erwähnen, dass es hier mitten im Wald weder Strom noch fließendes Wasser gibt. Ein bemerkenswerter Abend im thailändischen Dschungel.

Am nächsten Morgen dann die böse Überraschung: Es hat weitergeregnet. Der Hof und der Weg zurück zur Straße bestehen aus haftfähigem, kleisterartigem Lehm. Die Rutschpartie mit dem Halbtonnen-Bomber ist im wahrsten Sinne des Wortes atemberaubend. Die um die 70 Jahre alten, knapp 1,60 Meter kleinen Bauern lassen es sich nicht nehmen, uns mit Schieben, Ziehen und Zerren bis hinunter zur Straße zu helfen.

Weiter über Lom Sak und Loei nach Chang Khan am Ufer des Mekong. Ab hier bildet der gewaltige Fluss über lange Zeit die Grenze zwischen Thailand und Laos. In der kleinen Stadt finden wir eine klasse Unterkunft. Die Zimmer sind riesig und sauber, die Wirtin kocht hervorragend und erlaubt uns großherzig, die Africa Twin im Trockenen, mitten im Restaurant, zu parken.

Da auch am nächsten Tag der alptraumartige Monsunregen das Land weiter fest im Griff hat, würden wir hier gerne länger verweilen. Dummerweise endet unser Visum morgen. In Rekordzeit spulen wir die Kilometer ab und entern am 22. Mai die Grenze. Mit den beunruhigenden Worten des Kanadiers im Hinterkopf beschleunigt sich der Herzschlag, die Hände beginnen zu schwitzen, wir sind auf Ärger eingestellt. Chris & Elke Vrijsen haben selbst einschlägige Erfahrungen gesammelt, andere Reisende prophezeiten uns Geldstrafen, das Konfiszieren des Motorrades, Ausreiseverweigerung in Thailand, Einreiseverweigerung nach Laos. Einer meinte sogar, die Grenze sei neuerdings für Motorräder gesperrt. Wir werden sehen.

Plan A lautet: am thailändischen Ausreisezoll vorbeihuschen. Ein Blick auf die Grenzanlagen erstickt diesen Plan im Keim. Also Plan B: Dumm stellen. Die Frage nach den fehlenden Papieren kommt dann auch wie aus der Pistole geschossen. Wir kramen Fahrzeugschein und grüne Versicherungskarte heraus. Doch der Zollmensch wedelt mit einem weißen Musterzettel für die Importpapiere. Schulterzucken unsererseits. Dann fragt er nach einem Carnet. Das präsentieren wir ihm gerne. Wohl wissend, dass es nicht gestempelt ist. Das sieht er auch und ist nun von unserer Begriffsstutzigkeit sichtlich genervt. »Wo haben Sie die Grenze nach Thailand überquert?« »Von Malaysia aus.« Daraufhin schüttelt er resigniert den Kopf, gibt uns die Papiere zurück und lässt uns passieren. Hoffentlich hat er den zentnerschweren Stein nicht gehört, der uns vom Herzen gefallen ist.

Laos

Vientaine, die Hauptstadt

Auch die Einreise nach Laos läuft völlig unproblematisch ab, der Papierkrieg dauert weniger als eine Stunde. An dieser Stelle nochmals recht herzlichen Dank an alle Schwarzmaler.

Hätten sie uns lieber auf Folgendes vorbereitet: Man benötigt einen Kompass, noch besser ein GPS, auf jeden Fall aber sehr viel Intuition, um die nur 20 Kilometer entfernte Hauptstadt Vientaine zu finden. Es existiert nicht ein einziges Hinweisschild. Mehr als drei Stunden mühen wir uns auf den verschlammten Pisten zwischen rasenden Lkw-Piloten ab, bis wir am zunehmenden Verkehr glauben erkennen zu können, dass das der richtige Wege nach Vientaine sein müsste.

In der Landeshauptstadt leben nur 210.000 Menschen, damit ist Vientaine für eine Kapitale erstaunlich klein. Klein ist auch der Höchstbetrag, den die raren Geldautomaten des Landes ausspucken – maximal 70 Euro. Gottlob haben wir vier Karten dabei und können uns so einigermaßen mit Bargeld versorgen.

Unter touristischen Aspekten hat Vientaine nicht viel zu bieten. Am ehesten noch den Mittelpunkt der Stadt. Abends schleudern dort die beleuchteten Springbrunnen ihr Wasser im Takt der Musik in die Luft. Dann gibt es noch das Betonmonstrum »Patuxai«, ein bescheidener Nachbau des Arc de Triomphe in Paris.

Dieses französische Erbe ist kein Zufall, war Laos doch lange Zeit französische Kolonie. Was sich erfreulicherweise in der Küche niederschlägt: Nach vielen Monaten Brotabstinenz bekommen wir in Laos zum ersten Mal knusprige belegte Baguettes zu essen. Gleich am ersten Abend stürmen wir ein französisches Restaurant. Die Küche ist exzellent, die Preise sind erfreulich niedrig. Am zweiten Tag besuchen wir noch den »Day Market« und die riesige goldene »Stupa«, einen buddhistischen Kulttempel, dann ist Vientaine abgehakt.

Der Norden – Luang Prabang

Unser nächstes Ziel liegt knapp 400 Kilometer weit entfernt – Luang Prabang, Laos' Sehenswürdigkeit Nummer eins. Auch wir können der Verlockung nicht wiederstehen und wollen die von der UNESCO als Weltkulturerbe geschützte Stadt im Norden des Landes sehen.

Über den Highway »Route 13« verlassen wir die Hauptstadt und mühen uns zunächst durch endlose Vororte und dichten Verkehr. Nach etwa 100 Kilometern ist es dann endlich geschafft: Die Natur hat uns wieder. Hinter einer Kurve zielt eine lange Gerade mitten in eine knallgrüne Berglandschaft hinein. Was für ein Panorama.

Nicht nur wegen der vielen Kurven fällt die Reisegeschwindigkeit rapide in sich zusammen. Auch die buckelige und löcherige Straße trägt ihren Teil dazu bei. Meist kommen wir über den dritten Gang nicht hinaus. In erster Linie aber sind es die zahlreichen Fotostopps, die den Schnitt drücken – dieses Land ist einfach zu schön.

Eigentlich wollten wir die Strecke bis Luang Prabang heute in einem Rutsch abspulen, schließlich sind wir diese langen Etappen aus Thailand gewöhnt. Doch schon bald wird klar, dass die Hälfte der Strecke ein realistischeres Ziel ist. Glücklicherweise liegt der kleine, herrlich in die grüne Landschaft eingebettete Ort Vang Vieng ziemlich genau auf der Hälfte der Strecke.

Am Ende des lang gezogenen Dorfes findet sich ein Campingplatz. Für die Rucksacktouristen-Hölle in der Ortsmitte können wir uns absolut nicht begeistern. Das Zentrum von Vang Vieng passt so gar nicht in diese idyllische Umgebung. Es ist schrill, laut, voller Billigunterkünfte und zum größten Teil von israelischen Permanentkiffern bevölkert. Wir genießen dieses reizende Fleckchen Erde lieber an einem ruhigen Nebenarm des Mekong, schauen den Fischern in ihren Langbooten zu und finden abends ein hübsches Restaurant zwischen Fluss und Bergen.

Vorher müssen wir uns noch über die Honda hermachen. Trotz der Vergaser-Rückeinstellung bei Joe's Bike Team ruckelt sie wieder vor sich hin und hat einen schwankenden Leerlauf. Irgendwas kann da nicht stimmen.

Mir fällt auf, dass der vordere Zylinder viel zu fett läuft. Da wir mittlerweile aber klitschnass von Schweiß und nieseligem Monsunregen sind und langsam aber sicher im Schlamm versinken, vertagen wir das erneute Vergaserzerlegen auf später. Ruckelnd, zuckelnd und sprotzend schlittern wir tags darauf über einen schmierigen Lehmpfad zurück zur Route 13. Hoffentlich hält der Motor durch bis Luang Prabang.

Noch 200 Kilometer. Es geht ständig auf und ab durch die asiatischste Region Asiens, die wir bisher zu Gesicht bekommen haben. Die Berghänge präsentieren sich zugewuchert, grellgrün, mal zackig, mal rund geschliffen im Profil. Hinter jeder Kurve ein neues beeindruckendes Panorama.

Die Laoten sind berüchtigt für ihre Entspanntheit. Einen ersten Eindruck davon bekommen wir bei einer mittäglichen Suppe in einem Straßenrestaurant. Eine Gruppe Lkw-Fahrer macht ebenfalls Station und lässt sich nach ausgiebigem Mittagsmahl mit Suppe, gegrilltem Fisch und Klebereis, dem berüchtigten »sticky rice«, in aller Seelenruhe zum Mittagsschlaf nieder. So etwas in Deutschland? Unvorstellbar.

Die Berge sind fest in Bauernhand. Die Leute sind ausgesprochen nett, ständig grüßen sie und winken. Wenn nur nicht ihre nackten Kinder dauernd auf der Straße umherrennen würden. Doch nicht nur die Nachwuchsbauern drücken unser Durchschnitttempo: Truthahn, Hund, Katze, Schlange, Skorpion, Hängebauchschwein, Wasserbüffel – alles ist auf der Straße unterwegs. Sieben Stunden benötigen wir so für die 200 Kilometer.

In Luang Prabang finden wir ruckzuck eine schöne und ruhige Unterkunft für acht Euro pro Nacht. Dank großer Auswahl und funktionierender touristischer Infrastruktur ist die Suche kein Problem. Vier Tage wollen wir bleiben. Die Motorradanzüge mal wieder waschen, die Wanderstiefel flicken lassen, Laos-Patches auf die Jacken nähen und natürlich die Vergaser auseinandernehmen.

Diesmal finden wir endlich den Fehler: Joe hat die Hauptdüsen der beiden Vergaser vertauscht. Der Zweizylinder-V-Motor der Africa Twin benötigt zur Kühlung am hinteren, stärker hitzebelasteten Zylinder ein fetteres, spritreicheres Gemisch als am vorderen. Daher hat die Hauptdüse des hinteren Vergasers fünf, die Hauptdüse des vorderen nur drei Bohrungen. Kein Mensch konnte das ahnen. Wir nicht und Joe nicht. Draufgebracht haben uns die Kollegen aus dem Africa Twin Forum www.africatwin.de. Und wieder einmal fragen wir uns, was der moderne Reisende ohne Internet machen würde? Zuletzt tauschen wir noch den Choke aus und ersetzen die hinteren Bremsbeläge. Danach läuft die Twin wieder rund. Gott sei Dank.

Touristisch gesehen sind wir nach neun Monaten Reise ein einziger Trauerfall. Es gelingt uns einfach nicht, genügend

Motivation und Enthusiasmus aufzubringen, um die Sehenswürdigkeiten jeder Station unserer Reise zu würdigen. Die täglich ohnehin massenhaft auf uns einstürzenden Eindrücke müssen erst einmal verarbeitet werden. Was nur schwer gelingt, wenn dauernd neue hinzukommen. Begeistern können wir uns jedoch nach wie vor für ein schönes Zimmer, was angesichts des schmalen Budgets leider nur allzu selten vorkommt. Ausruhen, lesen und relaxen – das sind kleine erholsame Inseln im Strom der Erlebnisse, die uns zunehmend wichtiger werden.

In der Urwaldstadt Luang Prabang geben wir uns einen Ruck und erklimmen den Hausberg »Phu Si« mit der goldenen, spitz zulaufenden Stupa obenauf. 328 schiefe Stufen geht es aufwärts. Atemlos und schweißtriefend kommen wir oben an. Der Rundumblick ist die Plackerei wert: Südwärts sieht man die ansteigenden Berge, aus denen wir gekommen sind, östlich einen Nebenfluss mit archaischer Holzbrücke und Kloster im Hintergrund, westlich und südlich den majestätisch dahinfließenden Mekong. Dazu ein stahlblauer Himmel. So werden wir Laos im Gedächtnis behalten: Mekong, Urwald, endloses Grün.

Auch den Bauernmarkt sehen wir uns an. Mit der lebhaften Atmosphäre thailändischer Märkte kann er nicht mithalten, die Laoten lassen es wirklich außerordentlich ruhig angehen. Viel mehr Spaß machen dagegen die ausgiebigen Stadtspaziergänge: Die allgegenwärtige französische Bausubstanz gemischt mit Asienflair und schrillem Drumherum ist einzigartig und hat etwas ganz Besonderes. Wir fühlen uns wohl in Luang Prabang.

Ein Problem

Prächtig erholt und mit dem guten Gefühl, unsere sieben Sachen wieder in Schuss zu haben, geht es über die Route 13 zurück nach Vang Vieng und Vientaine. Südöstlich von Vientaine erreichen wir am dritten Fahrtag die Provinzstadt Thakhek. Die »Traveller Lodge« bietet dort eine so ruhige, angenehme Atmosphäre, dass wir das Grundstück von der Ankunft am Nachmittag bis zur Abfahrt am nächsten Morgen nicht mehr verlassen.

100 Kilometer später geht Maschine aus. Was kann das sein? Keine Ahnung. Wir warten kurz, und prompt springt sie wieder an. Vielleicht ist der Tank gleich leer? Möglich. Wir sollten auf Nummer Sicher gehen und nachtanken. Die erste Möglichkeit bietet sich nach 20 Kilometern – ein Bretterverschlag mit Fässern. Wir tanken zehn Liter und erreichen eine für laotische Verhältnisse moderne Tankstelle an der Hauptstraße. Tank randvoll machen, starten und – nichts geht mehr.

Okay, jetzt erst mal tief durchatmen und nachdenken. Als nicht ganz unerfahrener Africa-Twin-Schrauber verdächtige ich sofort die Benzinpumpe. Die nachträglich verbaute Unterdruckpumpe ist zwar nahezu unkaputtbar, aber man weiß ja nie. Also flux das Teil überbrückt und weiter geht es – von wegen. Das Ergebnis ist unverändert: Stotternd, weiß qualmend und heftig ruckelnd, stolpert der Motor auf einem Zylinder vor sich hin. Uns blutet das Herz. Was für ein Mist, diese Woche ist aber auch wirklich der Wurm drin!

Unter dem Vordach der Tankstelle dürfen wir schrauben und dringen tiefer in die Materie ein. Zerlegen das Motorrad nahezu vollständig, checken die Sicherungen, fluten alle Stecker mit Kriechöl, überprüfen den Zündfunken, zerlegen nochmals die Vergaser, prüfen Kupplungs- sowie Notaus-Schalter. Ergebnis: nichts. Wir finden einfach keine Störung. Ich tippe auf ein defektes Steuergerät. Also gut, da ist jetzt nichts zu machen, wir müssen irgendwie in die nächste Stadt kommen.

Wir fragen die Familie, die die Tankstelle betreibt, und prallen an der sagenhaften laotischen Ruhe ab. Nass geschwitzt, schmutzig, mit den Nerven am Ende und vollkommen hilflos traben wir zu den Leuten hinüber und bitten darum, einen Lastwagen oder einen Transporter für uns herbeizutelefonieren. Träge bleiben sie auf ihren Bambusmatten liegen, mustern uns und schütteln den Kopf. Wir bitten sie, einen besseren Vorschlag zu machen – desinteressiertes, wortloses Gähnen. Spinne ich? Am mangelnden Sprachverständnis kann es nicht liegen, vor einer Stunde noch bei unserer Ankunft war Englisch kein Problem.

Wir versuchen es anders, fragen, wo das Problem liege, bieten Geld an. Das Resultat: genervtes Wedeln mit der Hand, wie wenn man lästige Fliegen verscheucht. Es ist kaum zu glauben, aber wahr: Die wollen nicht, die haben einfach keinen Bock, uns zu helfen. Da benötigen wir das erste Mal wirklich dringend Hilfe und dann so etwas.

Rüber zu den Lkw-Fahrern, die neben der Tankstelle gerade pausieren. Wieder ernten wir gleichgültiges Achselzucken. Zurück zur Straße, wo wir versuchen, vorbeikommenden Lkws, Tuk-Tuks und Pickups anzuhalten. Einige stoppen, doch keiner will unser Motorrad ins nur 30 Kilometer entfernte Savannakhet bringen.

Wir sind dem Wahnsinn nahe, als nach Stunden ein Minitransporter Erbarmen hat. 14 Personen sitzen schon drin. Wie soll da noch die Africa Twin hineinpassen? Das kann nie und nimmer klappen. Doch wieder einmal unterschätzen wir die asiatische Kunst des Zusammenrückens. Die Passagiere müssen aussteigen, die im Bambuskorb an der hinteren Stoßstange angebundenen Schweine werden entfernt, dann wird unser schwerer Bomber mit Manpower in die kleine Kiste gewuchtet. Ein Spiegel muss dabei sein Leben lassen. Da sich links und rechts der Honda die Passagiere wieder

Ganz oben: Wüste und Vulkane im Herzen der neuseeländischen Nordinsel.
Oben li und re: Rund um Hokianga Harbour (Neuseeland, Nordinsel). Unten: Uluru, Australien.

Ganz oben li: Improvisation auf Malaysisch. Oben li: Begegnung auf den Straßen Thailands.
Oben re: Thailändischer Tempel. Unten: Teeplantagen in den Highlands von Malaysia.

Oben: Gruppenfoto mit Fred Klein, Ralf und Eva Löther. Unten li: Gästehütte im Osten Thailands. Unten re: Transport der defekten Africa Twin im Minivan (Laos). Ganz unten: Brücke in Kambodscha.

Oben: Taj Mahal. Unten li: Endlose Einsamkeit im Ladakh. Unten re: Das Motorrad zieht die Menschen magisch an. Ganz unten re: Zeltstadt Sarchu im Ladakh (alles Indien).

Ganz o. li und o. li: Mit Klaudia Honeder im Ladakh. Ganz o. re: Khardung La, der mit 5.385 m höchste anfahrbare Pass der Welt. O. re: Pakistanischer Truck. Unten: Chinesisch-pakistanische Grenze.

Oben li und oben re: Der Khunjerab-Pass am Ende des Karakorum Highways ist die Grenze zu China. Ganz o. re: Bergpanorama am Karakorum Highway. U: Start zum Karakorum Highway (alles Pakistan).

Oben: Durchs wilde Kurdistan (Iran). Unten li: Banditengefahr in Belutschistan (Pakistan). Unten re: Was steht auf dem iranischen Straßenschild? Unten li: Moslemisches Lehrgebäude in der östlichen Türkei.

Oben: Traumstraße am See Van (Osttürkei). Unten li: Der Cay, der Tee, schmeckt gut und süß. Ganz unten li: Weinstraße in Griechenland. Unten re: Die Brücke über den Rio Andirrio (Griechenland).

auf die Sitzreihen quetschen, muss das Motorrad nicht einmal befestigt werden. Das übernehmen achtundzwanzig Hände, Knie und Schultern. Unsere Aluboxen, Packsäcke und Taschen werden aufs Dach verfrachtet, und nach kaum zehn Minuten ist die Fuhre wieder unterwegs. Auch die Schweine baumeln wieder an der Stoßstange. Dass beim Entladen noch der zweite Spiegel zu Bruch geht, ist egal. Wir sind in einer Stadt, und das heißt: Unterkunft, Internet, Mechaniker.

Nach einer schnellen Dusche geht es auf Erkundungstour in die City, wo wir eine Honda Hawk vor einem Frisörladen entdecken. Rein in den Laden, denn dieses Modell besitzt annähernd den gleichen Motor wie unser Motorrad. Da es außerdem ein einheimisches Nummernschild trägt, hoffen wir, eine Mechanikeradresse genannt zu bekommen. Mittlerweile sind wir mit unserem Schrauberlatein am Ende.

Na endlich: Das Blatt wendet sich, und wir haben Glück. Der Besitzer der Hawk lässt sich zwar gerade die Haare stutzen, doch das stört sein geschliffenes Englisch nicht, und er schwärmt in den höchsten Tönen von einem Motorradmechaniker namens Hung. Den lernen wir drei Kilometer weiter persönlich kennen und sind uns gleich einig: Morgen Früh um 10.00 Uhr kommt er vorbei. Dass morgen Sonntag ist, interessiert ihn nicht im Geringsten.

Pünktlich stehen sie anderntags vor der Tür: Hung, ein Kumpel und eine betagte Honda CX 400, eine hubraumreduzierte »Güllepumpe«. Kein Transporter. Wie wollen die beiden die Africa Twin abholen? Tja, und wieder einmal ... genau – die Asiaten. Hungs Kompagnon, geschätzte 155 Zentimeter kurz und 45 Kilo leicht, sprintet mit unserem schweren Motorrad zu Fuß los. Hung übernimmt auf der CX die Verfolgung. Als er ihn eingeholt hat, springt der

Freund zirkusreif auf den breiten Hochsitz der Twin. Hung streckt sein gesundes Bein (das linke ist steif) nach unserem Kofferträger aus und schiebt die Fuhre so bis in seine drei Kilometer entfernte Werkstatt. Unnötig zu erwähnen, dass unterwegs mehrere Kreuzungen und Hauptstraßen zu überqueren sind.

Fachmann Hung braucht nur eine halbe Stunde für die Diagnose: Gepanschtes Benzin-Dieselgemisch im Tank. Erleichterung. Denn diverse Horrorvorstellungen sind uns schon durch den Kopf gegeistert: Motorschaden, Ende der Reise, Steuergerät hinüber, Komplettausfall der Zündanlage ... Nachdem Hung die Dieselpampe entfernt und gegen guten Sprit ausgetauscht hat, schnurrt die Africa Twin wieder, und wir schweben geradezu durch die Stadt.

Abends im Internetcafé deutsche Stimmen hinter uns: Fred Klein mit Eva & Ralf Löther. Fred ist seit einem Jahr unterwegs und traf in Pakse zufällig auf Eva und Ralf, mit denen wir uns per E-Mail in Savannakhet verabredet haben. Kurzerhand hat er sich ihnen angeschlossen. Zwei Tage verbringen wir zusammen, reden und reden und reden. Die drei sind von West nach Ost unterwegs und haben Informationen aus erster Hand für unsere weitere Route. Umgekehrt verhält es sich genauso: Wo wir schon waren, wollen die drei erst noch hin. Dann trennen sich unsere Wege. Fred will versuchen, trotz des Einfuhrverbots für große Motorräder mit seiner dicken BMW nach Vietnam einzureisen. Die Löthers wollen noch heute nach Vientaine und wir endlich südwärts weiterziehen. Ein Gruppenfoto vor einer typischen laotischen Frühstücks-Baguetterie, dann geht es los.

Kurz vor der kambodschanischen Grenze verläuft sich der Mekong in einem breiten Delta. Wegen der geringen Wassertiefe sind viele kleine Inseln entstanden, weshalb die Region

»Fourthousand Islands« genannt wird. Die größte Insel heißt Don Khong, dort wollen wir übernachten, bevor wir nach Kambodscha einreisen.

An der Hauptstraße sollen wir nicht den Schildern zur Passagierfähre folgen, haben uns Ralf und Eva gewarnt. Besser sei es, einige Kilometer später rechts abzubiegen und dann direkt zur Fahrzeugfähre zu gelangen. Das tun wir und landen auf einem Feldweg. Der wird immer schmaler, führt zwischen Reisfeldern hindurch und endet schließlich an einer provisorischen Holzbrücke. Ob die unsere schwere Fuhre aushält? Tanja wagt sich zu Fuß über die kreuz und quer gelegten losen Bretter, wippt ein paar Mal und gibt schließlich wenn auch kein »grünes«, so doch immerhin »gelbes« Licht. Gut eingeschätzt, die Brücke hält, und nach einigen weiteren Feldwegkilometern finden wir die Fähre.

Wie üblich, versucht man auch hier den Touristenaufschlag von uns zu ergattern. Einerseits ist das lästig. Weshalb sollen wir mehr bezahlen als Einheimische? Andererseits wissen wir inzwischen, dass die meisten Menschen in diesen Entwicklungsländern mehr recht als schlecht von ihrem kleinen Einkommen leben können. Da bedeutet ein kleiner Touristen-Obolus eine Menge. Und wir können ihn uns ja eigentlich leisten. Da uns das mittlerweile aber zehn Mal am Tag passiert, haben wir die Nase voll vom Touristentarif.

Vorsorglich beobachten wir, was die Einheimischen zahlen. Als die Runde an uns ist, geben wir, ungeachtet anderslautender Forderung, exakt die entsprechende Anzahl von Münzen. Man mault, diskutiert, wir erklären, dass wir die Fähre auf keinen Fall wieder verlassen werden, schließlich Achselzucken, und schon schippert der Pott über den Mekong.

Laos ist ruhig, die Insel noch viel mehr. Als ob die Menschen beschlossen hätten, das Leben grundsätzlich nur noch aus der Hängematte zu ertragen und jegliche Anstrengung unbedingt zu vermeiden. Nicht einmal Musik tönt aus den paar Restaurants. Befremdlich, aber irgendwie auch ganz angenehm, und so beschließen wir, einen Tag dranzuhängen.

Nach einem langen und sehr, sehr geruhsamen Frühstück – typisch asiatisch mit plörrigem Nescafé, labberigem Toast und quietschsüßer Marmelade – wollen wir uns der Landessitte anschließen und gerade die pensionseigenen Hängematten ausprobieren, als wir Fred Kleins BMW vor dem Haus stehen sehen. Er hatte wie erwartet an der vietnamesischen Grenze kein Glück und wurde abgewiesen. Nun möchte er mit uns zusammen die Grenze nach Kambodscha in Angriff nehmen. Kein Problem, da wir bis zur Hauptstadt Phnom Penh ohnehin die gleiche Route fahren wollen.

Der folgende Morgen, der 9. Juni: 30 Kilometer Richtung Grenze sind gerade abgespult, als ein Bretterverschlag mit der Aufschrift »Customs House« am Wegrand in Sicht kommt. Drinnen sitzt ein schwitzender Offizieller im Unterhemd und weiß tatsächlich, wie ein internationales Zolldokument, das Carnet de Passages, auszufüllen ist. Jetzt noch die letzten Kip, die laotische Währung, vertanken, vorher sicherheitshalber am Sprit schnuppern, dann geht die Suche nach der eigentlichen Grenze los. Wer weiß schon, dass man dazu die Hauptstraße verlassen und einer einspurigen Erdpiste in den Wald folgen muss? Ohne Beschilderung kein Mensch. Mit viel Intuition findet man mitten im Wald einen weiteren Bretterverschlag, wo gegen Zahlung von einem US-Dollar der laotische Ausreisestempel seinen Weg in den Pass findet.

Kambodscha

Der Norden

Einige hundert Meter weiter die kambodschanische Hütte, wieder wandert ein US-Dollar »Stempelgebühr« über den Tisch, und schon sind wir drin. Weniger gut ist die strikte Weigerung der kambodschanischen Zöllner, uns ein Importpapier für das Motorrad auszustellen. Das ist dumm. Wer weiß, wie die Grenzer bei der Ausreise nach Thailand auf die fehlenden Papiere reagieren werden? Das Problem hatten wir ja schon vor ein paar Wochen. Was hilft es, wir haben keine Wahl und müssen es einfach mal wieder darauf ankommen lassen.

Gerade wollen wir starten, als eine alte Yamaha Ténéré aus dem Dschungel bricht. Chris Carlson, ein Australier, hat sich bei der Suche nach der Grenze verirrt und querfeldein die Grenze überquert, ohne es zu bemerken. Die Zöllner reagieren gelassen darauf, anscheinend passiert das hier nicht zum ersten Mal. Zu viert geht es auf der einzigen Piste weiter bis ins 70 Kilometer entfernte Stung Treng. Die Strecke lässt sich gut fahren. Grober, reifenfressender Asphalt wechselt alle paar Kilometer mit herrlich breitem Schotter. Da Kambodscha überwiegend auf Meereshöhe liegt, kann der Blick weit schweifen.

Kurz vor der Stadt muss ein weiteres Mal der Mekong per Fähre überquert werden. Das dauert, denn wegen einer Handvoll Autos und drei Motorrädern kommt der Fährmann noch lange nicht von der anderen Seite herüber. Da müssen schon noch ein paar Fahrzeuge mehr auftauchen. Zeit für ein Gespräch mit Chris. Seit knapp einem Jahr fährt er von England über Land nach Australien zurück. In sechs Wochen will er dort sein, zuvor aber noch Kambodscha, Malaysia und die indonesische Inselkette besuchen. Ein strammes Programm.

Freds Wutschrei unterbricht die Plauderei – sein Hinterreifen ist platt. Aufpumpen bringt nichts, der Reifen bleibt platt. Auf der anderen Mekongseite angekommen, suchen wir einen Reifenflicker, die es in Asien Gott sei Dank an jeder Ecke gibt. Fred baut das Rad aus, der Reifenflicker findet schnell die Ursache: Der indische Hinterreifen war offensichtlich dem Gewicht der BMW R 100 GS nicht gewachsen und erlitt einen Karkassenbruch. In diesen Riss rutschte der Schlauch und wurde aufgerieben. Flink schneidet der Vulkaniseur einen Gummiflicken zurecht und legt ihn mitsamt der betroffenen Schlauchstelle unter eine »Presse«. Die Presse ist eine Schraubzwingenkonstruktion, der Presskopf ein ausgedienter Kolben. In die Höhlung des Kolbens kommt eine brennbare Flüssigkeit. Dann wird die Konstruktion zusammengequetscht, die Flüssigkeit entzündet und gewartet, bis die Flamme wieder ausgeht. Ist alles abgekühlt, wird die Konstruktion geöffnet. Ergebnis: Der Gummiflicken ist völlig mit dem Schlauch verschmolzen. Wir sind begeistert.

Weiter nach Kratie, eine Stadt direkt am Mekong. Dank Evas und Ralfs GPS-Koordinaten finden wir schnell das von ihnen empfohlene Hotel. Fred muss noch mal ran, denn der Reifen ist schon wieder platt. Der Flicker hat zwar einen halben Schlauch über die defekte Reifenstelle gelegt, aber nicht dafür gesorgt, dass er auch dort liegen bleibt. So ist an der gleichen Stelle ein neues Loch entstanden, wovon Fred nicht gerade begeistert ist.

Verkehrshorror

Um von Kratie nach Phnom Penh zu gelangen, gibt es zwei Möglichkeiten: Eine direkte, aber schwierige Erdpiste am Mekong entlang oder eine landschaftlich schöne, 80 Kilometer längere Asphaltstrecke über die Route 7. Wir entscheiden uns gerne für den Umweg. Fred wegen seines maladen Reifens und wir wegen unseres hohen Gewichts. Der Entschluss erweist sich als goldrichtig – die Straße ist in gutem Zustand, durchgehend asphaltiert und führt durch herrliche Landschaften, fernab von Städten. Immer wieder müssen wir uralte Holzbrücken überqueren.

20 Kilometer vor der Zwei-Millionen-Hauptstadt ist die Idylle schlagartig vorbei. Der Monsun ruft sich mit schweren Gewittern und heftigen Platzregen in Erinnerung. Der Verkehr wird zunehmend stärker, die Straße immer schmaler, die Vororte quellen förmlich auf die Strecke.

Der Verkehr ist bisher der schlimmste auf unserer Reise: Als gäbe es kein Morgen, wird gefahren auf Teufel komm raus. Ständig schieben sich dicke chinesische Geländewagen neben uns, um besser gaffen zu können. Kommt der Gegenverkehr zu nahe, werden wir einfach abgedrängt. Auf diese Weise sind wir gezwungen, so schnell zu fahren, dass uns möglichst niemand überholt. Was wiederum bedeutet, dass wir überraschend auftauchenden Hindernissen kaum noch ausweichen zu können. Das kostet Nerven.

Die Straße gleicht mittlerweile einer Schlammwüste, der Himmel ist tief schwarz, die Sicht geht gegen null. Im zweiten Gang rollen wir vorsichtig über eine schmale, bucklige Brücke, der Gegenverkehr rast heran, ignoriert uns komplett, und nur ganz knapp kommen wir nicht unter die Räder. Hinter der Brücke wurde die beträchtliche Höhendifferenz mit reinem Lehm aufgefüllt. Das funktioniert, wenn es trocken ist. Jetzt bei Regen wird der Lehm jedoch zu Glatteis. Schlagartig verliert das Vorderrad den Grip, wir schlittern eher zufällig geradeaus und kommen kreidebleich im Gesicht am Straßenrand zum Stehen. So geht das nicht weiter. Über eine Stunde warten wir auf eine Wetteränderung, doch es wird und wird nicht besser. Mittlerweile ist es Abend geworden und stockfinster. Straßenbeleuchtung gibt es nicht. Aber wir müssen weiter. Langsam und vorsichtig tasten wir uns Richtung Stadt vor. Dank der Löther'schen GPS-Koordinaten finden wir bei Ankunft wenigstens schnell eine Unterkunft.

Phnom Penh

Phnom Penh im Tageslicht und ohne Regen entschädigt. Die Promenade am Mekong ist üppig und feudal angelegt. Soll wohl dem majestätischen Auge schmeicheln, liegt der Königspalast als repräsentativer Sitz der konstitutionellen Monarchie doch nur wenige hundert Meter vom Ufer entfernt. Eine Besichtigung der Palastanlage ist zwar möglich, jedoch enttäuschend, da die meisten Gebäude von einem »Eintritt verboten«-Schild verteidigt werden. Weil Fred dringend einen neuen Hinterreifen braucht, verbringen wir einen ganzen Tag damit, gemeinsam von Mopedbude zu Mopedbude zu ziehen. Doch mit Reifen für große Motorräder sieht es schlecht aus. Erst am späten Abend findet sich ein Hinterhofschrauber, der ein paar davon am Lager hat.

Kein Besuch der kambodschanischen Hauptstadt wäre komplett, wenn man sich nicht auch mit der dunklen Vergangenheit der noch jungen Monarchie auseinandersetzen würde, die die Unabhängigkeit von Frankreich erst 1953 erlangte. »Toul Sleng« oder schlicht »S 21« nannten die Roten Khmer unter der Führung des Diktators Pol Pot das größte und gefürchtetste Gefängnis des Landes. In der ehemaligen Schule wurden unter brutaler Folter Geständnisse erzwungen. Überlebende gab es kaum. Wer nicht ohnehin irgendwann an den Stadtrand zu den Massengräbern, den »Killing Fields«, transportiert und hingerichtet wurde, der hatte kaum eine Chance, die unmenschlichen Lebensbedingungen im Gefängnis zu überleben.

Ein ganzes Land lebte über Jahre mit der permanenten Angst, von der Straße weg inhaftiert zu werden. Mitunter reichte bereits ein gut genährtes Aussehen für eine Verhaftung, da man unterstellt bekam, diesen Überfluss an Nahrungsmitteln nur auf unredliche Weise beschafft haben zu können. Familien wurden systematisch getrennt und die gesamte Elite des Landes ausgerottet. Erst 1979 fand der Wahnsinn ein Ende und Pol Pot wurde gestürzt. Kambodscha jedoch war am Boden zerstört.

Es ist bewegend mitanzusehen, wie viele Einheimischen Blumen dabei haben und mit Tränen in den Augen fassungslos durch die fürchterliche Dauerausstellung schreiten. Unbeteiligte Kambodschaner gibt es kaum, schließlich ist die Schreckensherrschaft noch keine 30 Jahre her. Nachdenklich und tief berührt verlassen wir die Stadt Richtung Norden. Fred will noch ein wenig bleiben und später hinunter zur Südküste fahren.

Der Route 5 folgend, gelangen wir auf eine Fähre über den Mekong. Ein Großteil des Verkehrs von West nach Ost wird hier übergesetzt, denn die nächste Brücke ist fern. Einige Frauen balancieren diverse kambodschanische Köstlichkeiten virtuos auf dem Kopf. Neben den beliebten frittierten Hühnerfüßen gibt es fermentierte Spinnen, Käfer jeder Art und Größe, sowie Fleischstückchen unklarer Herkunft und Zubereitungsart.

Die wahre Attraktion des Tages sind aber eindeutig wir, denn Touristen verirren sich hier nur sehr selten her. Schnell sind wir von Interessierten umlagert, alle wollen das Motorrad, die Kisten, die Packsäcke anfassen und auf den Protektoren unserer Motorradanzüge und auf den Helmen herumklopfen. Sofort wird das sagenhafte Erlebnis lautstark an alle anderen weitergegeben. Ein Gefühl wie ihm tiefsten Afrika. Englisch spricht niemand. Für die Überfahrt bezahlen wir ebensoso viel wie alle anderen Passagieren: ganze 600 Riel, ca. 12 Cent.

Die weitere Strecke nach Siam Reap führt über plattes Land, die Straße ist in gutem Zustand, die Menschen sind freundlich und winken. Ein entspannter Fahrtag. Kurz vor der Ankunft ein besonderer Moment: Die Twin wird 100.000 Kilometer alt. Selbstverständlich halten wir an und feiern den historischen Moment mangels Alternative mit brühwarmem Mineralwasser.

Angkor Wat

Siam Reap ist die 150.000-Einwohner-Stadt bei Angkor Wat. Angkor Wat zählt zu den Weltwundern und ist die größte religiöse Stätte der Welt. Dabei ist die Bezeichnung »Angkor Wat« eigentlich nur der Name des zentralen Haupttempels. Daneben gibt es noch unzählige andere. Manche sind bis zu 60 Kilometer entfernt und durch den dichten Dschungel nur schwer erreichbar. Berühmt ist die Anlage unter anderem wegen ihrer von Baumriesen überwachsenen Tempel. Indiana Jones und auch die Lara-Croft-Filmer haben diese einzigartige Kulisse gerne als Hintergrund genutzt. Wir fahren mit dem eigenen Motorrad durch diese unwirkliche Tempelwelt und sind von der mystischen Schönheit und besonderen Atmosphäre überwältigt. Ein großartiges Gefühl. Zwar nicht ganz so intensiv wie am Uluru im australischen Outback, aber schon ungefähr diese Liga. Immer wieder entdekken wir mitten im Dschungel in Stein gehauene, monumentale Gesichter. Manchmal ist es möglich, auf kleinsten Wandertreks die gigantischen viereckigen Außenmauern der Anlagen zu umfahren.

Viele Eindrücke und dankbar, hier gewesen zu sein, verlassen wir einige Tage später Siam Reap in westlicher Richtung. Was folgt ist die bisher schlimmste Strecke unserer Reise. Die 150 Kilometer bis zur thailändischen Grenze haben es in sich. Das erste Stück ist noch asphaltiert, doch so durchlöchert und zerfurcht, dass wir dem voll beladenen Motorrad nicht mehr als 40 Stundenkilometer antun. Danach folgt Piste. Der Schnitt geht noch weiter in den Keller, denn immer wieder tun sich riesige Löcher auf, die das Potenzial haben, die Felgen zu zerdeppern. Fünf Stunden dauert die Tortur. Rechnerisch macht das einen Schnitt von 30 Kilometern pro Stunde.

Unverständlich, weshalb die bei weitem wichtigste Handelsroute zwischen Kambodscha und dem nahen Bangkok in so einem katastrophalen Zustand ist. Das Rätsel löst sich, als wir erfahren, dass sich ein ranghoher kambodschanischer Politiker ungeniert von einer Fluglinie schmieren lässt, die verständlicherweise kein Interesse an einer Erneuerung der Straße hat.

Völlig verdreckt laufen wir im Grenzort Poipet ein. Das Kaff gibt uns den Rest: Etwas Schäbigeres haben wir noch nie gesehen, die geplante Übernachtung fällt flach.

Also auf ein Neues. Thailand, die Zweite. Mit erhöhtem Puls und feuchten Händen. Was wird der kambodschanische Zoll sagen, dass wir keine Importpapiere für das Motorrad haben? Ob das Passieren der Grenze wieder so glimpflich ablaufen wird wie neulich bei der Einreise nach Thailand? Als unsere Pässe mit dem Ausreisestempel versehen sind, entdecke ich einen schmalen Pfad für die einheimischen Karren und Radfahrer neben dem Zollhäuschen. Ich wittere unsere Chance. Tanja steigt auf, ich gebe Gas, und die Africa Twin macht einen Satz hinüber zur thailändischen Seite. Geschafft! Als ich mich umdrehe, sehe ich, dass man sich auf kambodschanischer Seite nicht einmal aus dem Zollhäuschen bequemt hat. Die »gewagte« Aktion war also umsonst.

Thailand II

Gelobtes Land Thailand. Die Zöllner wissen was sie tun, Warteschlangen funktionieren, binnen einer Stunde haben wir alle Papiere zusammen und werden sogar noch mit zwei Wasserflaschen beschenkt. Keine Fragen, keine Schwierigkeiten. Den Zollinspektor interessiert vor allem die in Deutschland stattfindende Fußballweltmeisterschaft.

Hinter dem Grenzbereich wartet bester Asphalt. Keine Löcher, kein Dreck, kein Gerüttel und sage und schreibe vier Spuren. Dazu kaum Verkehr. Was für ein Gefühl, mal wieder in den dritten, vierten und fünften Gang zu schalten. 80 Stundenkilometer fühlen sich an wie fliegen. Die angenehme thailändische Grenzstadt Aranja Prathet empfängt uns mit offenen Armen. Kambodscha hinterlässt einen zwiespältigen Eindruck. Einerseits ungemein interessant und spannend, andererseits komplett chaotisch, manchmal gefährlich, zum Schluss hässlich.

<u>Bangkok</u>

Einer Empfehlung von anderen Reisenden folgend, haben wir eine Unterkunft vorgebucht und steuern diese von Norden kommend an. Der Kalender zeigt inzwischen Mitte Juni. Kaum Staus, fließender Verkehr, schnell haben wir die Pension gefunden. In Bangkok müssen wir den Motorradtransport nach Nepal organisieren, verschiedene Visa besorgen, Schuhe und Ausrüstung reparieren lassen, eine große Motorradinspektion durchführen, Souvenirs kaufen und ein

Paket mit überflüssigem Ballast (Andenken, Papiere, ausgetauschte Klamotten) nach Hause schicken. Bangkok ist dafür ideal. Nichts, was es hier nicht gibt, nichts, was nicht möglich wäre.

Zu allererst müssen wir jedoch Wäsche waschen. Seit Laos hatten wir dazu keine Gelegenheit mehr, und so sehen wir nicht nur ziemlich ranzig aus, wir riechen wohl auch so. Das Pensionszimmer mit Dusche und Klimaanlage ist fürs Wäschewaschen wie geschaffen. Denn draußen ist es so feucht und schwül, dass die Klamotten kaum getrocknet wären.

In den folgenden Tagen besuchen wir die berühmt-berüchtigte Khao San Road. Diese Touristenmeile erweist sich jedoch als viel interessanter und harmloser als ihr Ruf. Zumindest wenn man sie mit dem klaustrophobischen Rummel in Kuala Lumpurs China Town vergleicht.

Mit den Reparaturen kommen wir gut voran. Der Reißverschluss unseres Tankrucksacks hält nicht mehr, doch wir finden einen Textilmarkt, wo für ganz kleines Geld die maladen Zipper getauscht werden. Für umgerechnet sieben Cent lassen wir unsere laienhaften Reise-Visitenkarten zu professionellen Hochglanzaufklebern umfunktionieren. Auch die benötigten Ersatzteile für die Africa Twin lassen sich einfach besorgen.

Was das Organisieren des Transports angeht, kann man allmählich von einer Serie des Bösen sprechen. Bisher waren zwei von drei Transporten eine einzige Katastrophe, und auch diesmal scheint wieder eine zu drohen: Die Dame bei der Spedition beschwört uns, das in Thailand ungestempelte Carnet de Passages zur Einholung eines Stempels bei ihr abzugeben. Das erscheint uns abwegig, da wir ja jetzt ein thailändisches Importpapier haben und das Carnet somit irrelevant ist. Doch sie verweist darauf, dass manche Zollbeamten darauf bestehen würden, und wehe uns, wenn wir keinen Importstempel hätten. Also gut, im guten Glauben an ihr Fachwissen und gegen Kopie und Quittung überlassen wir ihr das Papier. Zwei Tage später präsentiert sie stolz den organisierten Stempel. Doch was stellen wir entsetzt fest: Es ist kein Import,- sondern ein Exportstempel. Nun wird uns kein Zoll der Welt mehr nachträglich die Einfuhr stempeln. Schließlich hat der Zoll soeben bestätigt, das dass Motorrad das Land verlassen hat.

Noch schlechter sieht es in Sachen Visabeschaffung aus. Aus den garantierten fünf Tagen für die Beschaffung des Indienvisums sind acht geworden. Man hat bei Tanjas Dokument vergessen zu unterschreiben. Und die empfohlene iranische Visaagentur antwortet auf unseren Antrag erst mit mehreren Tagen Verspätung. Damit ist es endgültig zu spät, um noch vor unserem Abflug ein Iran-Visum ausgestellt zu bekommen.

Wir versuchen, unsere strapazierten Nerven zu beruhigen, indem wir shoppen oder auf Sightseeing-Tour gehen. Bangkok bei Nacht, insbesondere die Hauptstraße zum Königspalast, ist ausgesprochen eindrucksvoll. Jetzt zum sechzigjährigen Kronjubiläum des Königs sind die Thai völlig außer Rand und Band. Millionen von Lichtern schmücken die Magistrale, auch die Kreuzungen mit ihren riesigen Bauwerken sind geschmückt, Springbrunnen, Wasserfontänen und Musik überall. Auf jedem Monument, auf unzähligen Häusern prangt das Konterfei Ihrer Majestät. Ja, Royalisten durch und durch sind sie allesamt, die Thailänder.

Nachdem wir acht Tage auf einen Termin zum Verpacken der Honda gewartet haben, ist es endlich soweit. Denken wir. Doch weit gefehlt: Zunächst soll das Motorrad nur zum Verpacken vorbereitet werden. Also Benzin ablassen, Batterie abklemmen, Spiegel und Gepäckplatte demontieren und

– mal ganz was Neues – Zündkerzenstecker abziehen. Wofür das gut sein soll, kann man uns nicht erklären. Es sei neueste Vorschrift.

Mit satter Verspätung kommt endlich der Kistenbauer und nimmt Maß. Das ist zwar überflüssig, weil wir längst die exakten Maße angegeben haben und die Kiste schon längst hätte angefertigt werden können. Aber gut, wäre ja auch langweilig, wenn alles einfach so klappen würde. Das nächste Treffen geht in Ordnung, der Kistenbauer erscheint zum vereinbarten Termin, und die Kiste hat er sehr ordentlich gebaut. Zwar ist sie trotz aller Besprechungen viel größer als bestellt. Aus Reiseberichten wissen wir aber, dass dies bei allen Kistenbauern dieser Welt so zu sein scheint. Dumm nur, dass wir die großzügigen Maße mit klingender Münze zu zahlen haben. Der Preis schnellt dadurch um 100 Euro in die Höhe.

Tags darauf dann die gute Nachricht, der Transportflug ist bestätigt. Auch die Papiere hat unsere »Lieblings-Speditionsfachfrau« vollständig parat, als ich zum Bezahlen fahre. Na gut, hat die Spedition wenigstens zum Schluss doch noch die Kurve gekriegt.

Die letzten Tage in Bangkok verfliegen nur so. Ralf und Eva Löther sind mittlerweile im Guesthouse angekommen. Gemeinsam genießen wir die besten Seiten von Bangkok: das bunte Nachtleben, die ungezählten Fressstände und die Bootsausflüge in den Kanälen der Megacity.

Nepal

Kathmandu
Am frühen Freitagnachmittag des 7. Juli kommen wir in Kathmandu an. Der Flughafen wirkt baufällig, wenn man vom mondänen Bangkok kommt. Das Zweimonatsvisum für Nepal bekommen wir im Handumdrehen ausgestellt. Keine unbequemen Fragen, keine Probleme, so soll's sein. Kaum haben wir den letzten Schalter passiert, werden wir von hysterisch schreienden Einheimischen umzingelt. Jeder ist der beste, billigste und sicherste Taxifahrer der Stadt. Gottlob haben wir schon im Vorfeld den Transfer zum Hotel arrangiert und können dem tobenden Mob die kalte Schulter zeigen.

Der Verkehr ist schockierend. Nicht wegen seiner Dichte, sondern vor allem wegen der nepalesischen Fahrweise. Nur weil eine Kreuzung oder ein Kreisverkehr zugeparkt ist, heißt das noch lange nicht, dass man nicht trotzdem versuchen kann, sich unter Dauerhupen auch noch hineinzuquetschen. Die Hauptstadtstraßen glänzen mit abgrundtiefen Löchern, bösen Rillen, aufgerissenem Asphalt und sind extrem verdreckt. Letzteres liegt daran, dass sich das Leben im Wesentlichen auf der Straße abspielt. Seinen Müll kippt man einfach auf die Fahrbahn und lässt ihn vom rollenden Verkehr plattfahren. Kühe und Hunde machen mit ihren Hinterlassenschaften dasselbe, der alles durchdringende Monsunregen besorgt den Rest. Ganz klar: Unsere Trekkingsandalen bleiben eingepackt. Hier sind feste, wasserdichte Wanderstiefel verlangt.

Hotel Kantipur wirkt wie eine sichere Oase inmitten des Wahnsinns. Zwar nahe am quirligen Stadtteil Thamel, aber doch ruhig gelegen und fern der Hauptstraße. Eine Sackgasse, ein hohes Tor, ein kleiner Gartenbereich, dann erst gelangen wir zum Hotel. Das schafft Abstand und Frieden. Da das Haus nur spärlich belegt ist, gehen die Preisverhandlungen zu unseren Gunsten aus. Das Zimmer können wir frei wählen und sind mit umgerechnet 9,50 Euro pro Nacht dabei.

Der Samstag in Nepal entspricht dem Sonntag in westlichen Ländern – Ruhetag. So haben wir zwar keine Gelegenheit, das Motorrad aus dem Cargobereich des Flughafens zu holen, dafür bietet sich der Tag an, um den berühmten Affentempel »Swayambhunath« zu besichtigen. Der auch in der westlichen Welt bekannte Tempel liegt sehr schön auf einem Hügel am Rande des Stadtgebiets. Und will erobert werden. Hunderte immer steiler werdende Stufen trennen uns knipswütige Touristen von der Anlage. Erleichterung und Begeisterung, als wir oben ankommen. Erleichterung, weil wir die anstrengende Kletterei hinter uns haben, Begeisterung, weil es hier oben so herrlich friedlich und farbenfroh zugeht. Das Gros der Besucher sind Einheimische und Inder in knallbunten Gewändern. Auch ein paar auffällige Sadhus, heilige, in Lumpen gekleidete Männer mit Dreadlocks, haben ihren Weg hier herauf gefunden. Weiße gibt es kaum.

Rund um das Bauwerk sind drehbare runde Gebetsmühlen angebracht, die Besucher marschieren im Uhrzeigersinn Gebete murmelnd und Mühlen drehend um die beeindrukkende schneeweiße Stupa. »Stupas« sind rundliche Kultbauten, in deren Innern oftmals heilige Reliquien gelagert werden. Vom Fernsehen kennen wir eine solche Szenerie zwar schon, sie aber mit eigenen Augen ungefiltert zu erleben, das sorgt für Gänsehaut und ist das Salz in unserer »Reisesuppe«.

In einem kleinen Kloster seitlich der Hauptstupa wohnen wir einer Messe buddhistischer Mönche bei. Der Singsang der Gebete, die Trommeln und Trompeten, das geht uns ganz schön unter die Haut. Über allem wachen die riesigen Augen Buddhas, die direkt oberhalb des Rundsockels in alle vier Himmelrichtungen blicken.

Den Beginn eines neuen Reiseabschnitts auf dem indischen Subkontinent feiern wir im bekannten »Everest Steakhouse« inmitten des Touristenghettos Thamel. Von Reisenden und Reiseführern empfohlen wird das kleine Restaurant wegen seiner legendären Steaks in Pfefferrahmsoße. Dazu das eine oder andere »Everest Beer« – ein perfekter Abschluss eines großartigen Tages. Noch ahnen wir nicht, wie sehr wir in den kommenden Wochen an diese kulinarische Offenbarung zurückdenken werden.

Nepalesische Bürokratie

Sonntag Morgen. Ab zum Flughafen, Motorrad holen. Ungefragt begleitet uns ein Mitarbeiter des Hotels, will uns unbedingt helfen, chauffiert uns zum Flughafen, organisiert Benzin und führt uns zum richtigen Büro der Airline. Na, ging bis jetzt ja ganz einfach. Dann beginnen die Mühlen der nepalesischen Bürokratie zu mahlen und das unbekümmerte Lächeln aus dem Gesicht unseres selbst ernannten Helfers zu schwinden.

Auf das Depotgelände werden wir zunächst nicht vorgelassen. Erst müssen wir im Kiosk gegenüber ein Formular kaufen und korrekt in Nepalesisch ausfüllen lassen. Damit werden wir dann zwar eingelassen, aber unser Helfer nicht. Verräterische Zeichen von Erleichterung sind bei ihm zu entdecken, als er sich wortreich entschuldigend verabschiedet. Ist nicht schlimm, denn ein Haufen weitere Agenten scharrt schon mit den Hufen. Einer von ihnen ist nicht ganz so aufdringlich, wir beauftragen ihn, diverse weitere Formulare in der Landessprache auszufüllen.

Richtig voran geht es nicht, immer wieder muss er Kollegen fragen, wie was auszufüllen sei, dann spricht er von diesen und jenen Kosten, außerdem sei in den nächsten zwei Stunden nicht mit dem Zollchef zu rechnen. Nachdem er endlich alles eingetragen hat, nehmen wir ihm die Papiere nicht ohne Gezänk wieder ab und erklären, den Rest lieber selbst zu organisieren.

In den Cargobüros ist man freundlich und hilfsbereit. Und schwer gelangweilt. Solange der Zollchef nicht erscheine, passiere hier gar nichts. An die 50 Büromenschen sitzen schon seit Stunden herum, ohne etwas anderes tun zu können als Zeitung zu lesen.

Gegen elf Uhr trifft ihre hochheilige Herrlichkeit endlich ein, und auf einmal geht alles wie geschmiert. Unsere Papiere durchlaufen sechs verschiedene Stellen, werden mit Stempeln zugepflastert, und immer wenn wir denken: So, jetzt müsste es soweit sein, braucht es noch einen Stempel oder eine Unterschrift.

Immerhin: Gezielt nach »beschleunigendem« Geld wird erst bei der Auslieferung des Motorrades gefragt. Man kommt mit der Forderung, pro Kilogramm Ladegut zwei Rupien »Handling-Gebühr« zu entrichten sowie pauschal je 200 Rupien pro Person abzudrücken. 1 Euro entspricht etwa 100 Rupien.

Okay, das Spielchen kennen wir schon. Unser Argument heute: Als Personen könnten wir ja gar nicht »gehandelt« werden. Die Antwort: »Das war schon immer so, und außerdem zahlen das alle Touristen.« Aha, hier werden wir schon aus Prinzip nichts bezahlen. Diesen Entschluss lassen wir dem Lagerchef zukommen. Vor ohnmächtiger Wut – sein Englisch ist etwas eingerostet – läuft er rot an und diskutiert mit den Kollegen die Sachlage. Ein anderer Lagermensch kommt und erkundigt sich höflich, wo denn unser Problem liege? Da wir keines haben, kann er nicht viel ausrichten, und für wenige Minuten kommt alles ins Stocken. Ratlosigkeit macht sich breit. Schließlich erscheint ein dritter Mensch und erklärt, dass die Lagerleute sehr wenig verdienen würden und auf diese Gebühr angewiesen seien. Ob wir nicht wenigstens einen kleinen Betrag zahlen könnten?

So sieht das schon anders aus. Wir sagen gerne ein angemessenes Trinkgeld zu, wenn wir dafür Hilfe beim Öffnen und Zerlegen der Kiste bekommen. Das Angebot funktioniert: Ruckzuck steht die völlig unversehrte Honda vor uns. Neben dem Trinkgeld müssen wir noch Zoll- und Lagerungsgebühren berappen und kommen am Ende auf insgesamt 15 US-Dollar. Ach ja, es geht doch nichts über Flugtransporte.

Auf Knopfdruck springt die Twin an und kommt sogar fast bis zum Hotel. Leider nur fast, denn vorher fängt der Sprit in den Vergasern an zu kochen. Die Kombination von 34 Grad, Monsun-Schwüle, stehender Luft, Erster-Gang Sträßchen, Stop-and-Go sowie eng den Motor umschließende Tanktaschen ist dem Motorrad zu viel. Es streikt und erzwingt hitzefrei.

Gleich am nächsten Tag steuern wir die pakistanische Botschaft an, um ein Visum zu beantragen. Und können sofort wieder umdrehen, denn ohne ein »Empfehlungsschreiben« der deutschen Botschaft läuft nichts. Die deutschen Botschaftsangestellten sind unerwartet hilfreich und stellen den Wisch gegen Zahlung von 20 Euro binnen zwei Tagen aus. Mit den gesammelten Werken zur pakistanischen Botschaft, und zwei weitere Tage später, die wir uns mit einem spektakulären Flug über die Himalaya-Kette vertreiben, bekommen wir unsere Zweimonatsvisa ausgestellt. Kostenlos dazu gibt es ein kameradschaftliches Schulterklopfen und den Satz: »Welcome to Pakistan. Enjoy our country.« Prima. Nun fehlt nur noch ein Visum für den Iran.

Pokhara

Von anderen Überlandfahrern wissen wir, dass der Prithvi Highway von Kathmandu nach Pokhara ein landschaftlicher und fahrerischer Leckerbissen ist. Zunächst hält sich der Spaß aber in Grenzen, denn die Vororte Kathmandus wollen kein Ende nehmen. Nach 20 Kilometern ist endlich der Rand des Talkessels erreicht, in dem Kathmandu eingebettet ist. Jetzt wird die Geschichte interessant: Wunderbar kurvig geht es an der Bergflanke entlang, irgendwann gesellt sich der immer wilder und breiter werdende Trisuli River dazu. Entspanntes Motorradfahren.

Bald tauchen am Straßenrand die ersten, für Nepal leider so typischen, blechernen Überreste eines Verkehrsunfalls auf. Auf kurviger Strecke rast Bus in Lkw oder umgekehrt. Tote sind die traurige Regel. Die Zahl der Verkehrsopfer proportional zur Bevölkerung wird nur noch von Indien übertroffen. Auf 200 Kilometer Highway rollen wir an drei weiteren Wracks vorbei, stets sind Busse und Lkws in die Unfälle verwickelt.

Mugling ist ein wichtiger Ort auf der Strecke, denn südlich liegt der bedeutendste Grenzübergang zum nahen Indien. Für uns heißt es aber erst einmal weiter Richtung Westen. Auf den folgenden 20 Kilometern westwärts erwartet uns das Filetstück des Prithvi Highway. An ausgedehnten Reisfeldern vorbei geht es kurvig bergauf. Wäre jetzt nicht Regenzeit, hätten wir den Blick frei auf das direkt vor uns liegende gigantische, 8.091 Meter hohe Annapurna Massiv, eines der berühmtesten Gebirgsmassive im Himalaya.

In Pokhara können wir es kaum fassen, wie idyllisch und ruhig es hier zugeht. Auf Anhieb fühlen wir uns wohl. Die mit 90.000 Einwohnern zweitgrößte Stadt im Lande ist verglichen mit Kathmandu ein Luftkurort. Es gibt kaum Verkehrslärm, die Lage am blitzsauberen See ist absolut malerisch.

Während drei Tage Dauerregens beschäftigen wir uns mit Essen, Lesen und Fernsehen. An der Straße warten gleich mehrere Frühstückscafés, die endlich mehr bieten, als die immer gleichen eklig süßen Aufstriche, die kaum noch Ähnlichkeit mit Marmelade aufweisen, das langweilige Toastbrot sowie den obligatorischen Nescafé. Wir bekommen Pfannkuchen mit Nutella, was besonders Tanja freut, Rührei, knuspriges Weißbrot und köstlichen Cappuccino. Demütig und voller Dankbarkeit genießen wir die guten Gaben wie Manna vom Himmel. Man wird bescheiden.

Dann scheint wieder die Sonne, und wir können die geplante Motorradtour in die Berge wagen. Viele Möglichkeiten gibt es ja leider nicht. Es existiert eine einzige etwa 70 Kilometer lange Sackgasse in nördliche Richtung zum Annapurna Massiv. Nach zehn Kilometern ebbt der Stadtverkehr ab, Reisfelder dominieren fortan das Bild. Reis ist das beherrschende Agrargut und wird in Terrassenform angebaut. Die Straße steigt weiter an und erreicht bei 1.728 Metern ihren Höhepunkt. Von hier oben bietet sich das beste Panorama auf das unter uns liegende Pokhara Tal mit dem idyllisch eingebetteten See.

Einige wenig einladende Dörfer reihen sich an der Straße, bevor es bergab geht und ein imposanter Gebirgsfluss die Szenerie bestimmt. Die Streckenführung ist grandios. Oft wurde die Straße mutig aus überhängenden Felsen herausgehauen, während auf der anderen Seite der reißende Strom mit viel Getöse zu Tal donnert. Baglung, die Stadt am Ende des Asphalts, reizt uns nicht, so drehen wir bei und fahren diese herrliche Tour gleich noch einmal in entgegengesetzte Richtung.

Kurz vor dem Stadtrand Pokharas liegt ein bunt bemalter, havarierter Lkw im Graben. Mit Ackersteinen, Ästen oder was gerade zur Hand ist, wird wie immer in solchen Fällen ein schmaler Sicherheitsabstand markiert. Vorsichtig taste ich mich dennoch dicht am Lkw vorbei. Wofür hat man schließlich den Einspurfahrzeug-Vorteil? Auf einmal rutscht das Hinterrad weg. Was ist passiert? Motoröl sabbert über die Straße, und ich hätte besser außerhalb der Markierung bleiben sollen. Wie durch ein Wunder kommen wir nicht zu Fall. Schwein gehabt!

Anderntags erhalten wir zwar das neue Carnet de Passages und könnten jetzt eigentlich gleich weiter. Doch fix beschließen wir, noch zu bleiben. Pokhara ist einfach zu schön und so wunderbar erholsam. Mittlerweile wissen wir, wo der beste Cappuccino, das üppigste Frühstück und die leckerste Pizza zu bekommen sind. Da wären wir ja schön blöd, wenn wir dieses kostbare Wissen nicht besser ausnutzten. Und da morgen auch noch ein Tag ist und übermorgen und überübermorgen ...

Es ist nicht zu leugnen: Die uns in Fleisch und Blut übergegangene typisch deutsche Zielstrebigkeit haben wir teilweise abgelegt. Oft überwiegt das Lustprinzip. Uns gefällt die neue Lebensweise gut, und das ist schließlich die Hauptsache. Die einzig wirklich wichtigen Termine in unserem Reiserhythmus sind nurmehr Visafristen und Klimazeiten. Freiheit, wie wir sie meinen.

Der Süden und der Westen

Schließlich können wir uns doch losreißen und verlassen Pokhara in südlicher Richtung über den Siddhartha

Highway. Die Bergstraße windet sich wunderschön kurvig durchs Land, zu Beginn etwas holperig. Bei Kilometer 130 erreichen wir Tansen, ein mittelgroßes Örtchen rechts des Highways, das einen besonderen Ruf wegen seiner schönen Hanglage genießt. Wir sind weniger beeindruckt und fahren anderntags weiter. Immer noch geht es Richtung Süden. Bald haben wir die letzten Ausläufer der Berge hinter uns gelassen und die saftig-grüne, feucht-schwüle Region Terai erreicht.

Dieser grüne Gürtel im Süden des Landes beherbergt drei Nationalparks und stellt die Kornkammer des Landes dar. Uns ist es hier entschieden zu heiß, und wir rauschen in zwei Tagesetappen bis zum westlichsten Zipfel Nepals durch. Dort überqueren wir unkompliziert und zügig die Grenze nach Indien.

Und haben damit ganz schön viel Glück, denn das westliche Terai ist fest in Hand der Maoisten, die gerade bei ausländischen Reisenden besonders kräftig abkassieren sollen. Verminte Straßensperren zum Eintreiben von Wegzoll sind gängige Praxis. Doch ein paar Tage vor unserem Abflug nach Nepal haben die rebellischen Maoisten einer dreimonatigen Waffenruhe zugestimmt und diese wohl auch eine Weile eingehalten. Wieviel Glück wir in diesem kritischen Gebiet tatsächlich hatten, erfahren wir erst ein paar Tage später. Quasi direkt nach unserer Durchfahrt wurde die Waffenruhe gebrochen, und es hagelte wieder Bombenanschläge.

Indien

Der Nordosten

In Indien angekommen, sind wir fassungslos angesichts des einfachen Grenzprozederes. Vier verschiedene Bürohütten, in jeder ist man ausgesprochen nett, bemüht, kompetent und kommt noch nicht einmal auf die Idee, nach Bakschisch zu fragen. Indien ist klasse.

Oder doch nicht? Alle Reisebekanntschaften, die Indien kannten, haben uns vor dem mörderischen Verkehr gewarnt. Doch auf den ersten 200 Kilometern können wir keinen eklatanten Unterschied zum nepalesischen Verkehrsverhalten entdecken. Haben wir uns bereits an das fließende Chaos gewöhnt? Schlimmer als in Nepal ist allerdings das nervtötende und sinnlose Gehupe.

Unser Ziel für heute heißt Nainital, eine mittelgroße so genannte »Hill Station«. Diese Örtlichkeiten sind eine typisch englische Hinterlassenschaft aus Kolonialzeiten. Erreichte die Quecksilbersäule in Delhi 40 Grad und mehr, verpackte man seinen Haushalt und fuhr in die Berge. Dort blieb man so lange, bis die Temperaturen wieder erträglich wurden. Während dieser Zeit sollte es an nichts mangeln, und so schuf man regelrechte englische Oasen. Mit viktorianischen Gebäuden, »inderfreien« Zonen, Promeniermeile und häufigen Banketten, um der furchtbaren Langeweile Herr zu werden. Die Kolonialzeiten sind zwar vorbei, doch die Hill Stations erfüllen immer noch ihren Zweck. Wenn auch nun für die rasch wachsende indische Mittel- und Oberschicht.

Waren früher die Inder hier oben in der Minderheit, so sind es mittlerweile die Weißen. Die unverhohlene Neugierde und Distanzlosigkeit der Einheimischen ist – um es vorsichtig auszudrücken – sehr, sehr gewöhnungsbedürftig. Zu regelrechten Volksversammlungen kommt es, wenn wir irgendetwas am Motorrad machen. Für grob geschätzte 100 dicht gedrängte Schaulustige reicht es, wenn wir nur die Kette fetten. Man sollte Eintritt verlangen.

Delhi und das Taj Mahal

Wegen dem zu erwartenden Verkehrsstress und der klimatischen Bedingungen lautet unsere Strategie für Indien: Mit dem Motorrad ausschließlich im Himalaya bleiben. Weniger Verkehr, da keine großen Städte und kühlere Temperaturen wegen der frischen Bergluft.

So reisen wir Ende Juli mit dem Bus über Nacht nach Delhi. Hier wollen wir unter anderem das fehlende Touristenvisum für den Iran beantragen. Der Schalterbeamte in der Botschaft will uns zunächst abwimmeln. Nach sturem, ausdauerndem Drängen verweist er uns an einen höher rangigen Botschaftsangestellten. Der nimmt unserem Wunsch komplett die Luft aus den Segeln: Das Verfahren dauere – im besten Falle – vier Wochen, könne aber auch noch sehr viel mehr Zeit in Anspruch nehmen. Angesichts der brisanten politischen Lage sei der Ausgang ohnehin sehr in Frage gestellt. Er bietet uns jedoch an, ein siebentägiges Transitvisum binnen einer Woche auszustellen.

Zähneknirschend stimmen wir zu. Immerhin wissen wir von den Berichten anderer Reisender, dass es durchaus möglich ist, direkt im Land ein Transitvisum um eine oder zwei Wochen zu verlängern. Theoretisch verboten, praktisch meist durchführbar. So sind wir trotz des knauserigen Wochenvisums guten Mutes.

Gleich am nächsten Tag sitzen wir im Zug nach Agra. Auf der Fahrt kommen wir zur Ruhe. Das ganze Visatheater zerrte ganz schön an den Nerven. Dreimal mussten wir wiederkommen, um diversen Papierkram zu besorgen und stempeln zu lassen. Im ratternden Zug zweiter Klasse ist Gelegenheit zum Rückblick auf Delhi. Beide hatten wir uns die Stadt noch viel dreckiger, verstopfter, lauter, riesiger und hässlicher vorgestellt. Der Verkehr ist zwar sehr chaotisch, im Grunde kommt man jedoch ganz gut voran. Nie hätten wir erwartet, dass Delhi über so viele Prachtboulevards verfügt und die Entfernungen längst nicht so groß sind wie beschrieben. Fazit: Delhi wirkte überraschend positiv auf uns, sonderlich faszinierend war die Stadt jedoch nicht.

Agra, wo das berühmteste Grabmal der Welt steht, das Taj Mahal, ist da schon interessanter. Und auch dort erscheint uns längst nicht alles so schlimm wie angekündigt. Zum Beispiel das angeblich aggressivste Schlepperwesen ganz Indiens. Mit klaren Gesten und deutlichen Worten kommen wir prima klar. Mitunter ist es sogar ganz witzig zu sehen, wie die Rikscha-Fahrer und Nippesverkäufer auf jede »Weißhaut« lossprinten, die unbedarft ein Hotel oder Restaurant verlässt. Interessanterweise gibt es daher auch keine Bewirtung im Freien. Vor lauter Bettlern, Verkäufern, Dienstleistern und Helfern aller Art käme man nicht mehr zum Essen.

Wir erwischen ein einfaches Hotel, das über eine unschlagbare Aussicht auf das nur 300 Meter entfernte Taj Mahal verfügt. Von früh bis spät können wir den hell bestrahlten Prachtbau bewundern. Trotz moralischer Bedenken leisten wir uns den unverschämt hohen Eintritt. So nah und doch so fern zu bleiben, das kann nicht sein. Bitter ist es aber schon, als Tourist so viel wie 38 Inder zahlen zu müssen. 20

Rupien für Einheimische, 750 Rupien für alle anderen – das sind die Tarife. 53 Rupien entsprechen übrigens einem Euro.

Wie auch immer – das Taj Mahal kann nichts dafür und ist einfach phantastisch. Die Perfektion der Proportionen, der tonnenweise ausgelegte Marmor, die Großzügigkeit der gesamten Anlage und die schiere Größe sind sicher zu Recht als weltweit einmalig zu bezeichnen.

Neben der Hauptanlage besuchen wir die ebenso gigantische Wohn- und Regierungsstatt des Taj-Erbauers Akbar, das nur wenige Kilometer entfernte Agra Fort. Das Fort beeindruckt von außen mehr als von innen, denn eine gigantische 2,5 Kilometer lange, 20 Meter hohe und bis zu zwölf Meter dicke Außenmauer schützt den Innenbereich und macht das Fort uneinnehmbar. Im Innenbereich protzen fein ziselierte Sandsteingebäude neben marmornen Wohnbereichen und Repräsentationshallen. Diese Angeberei und Gigantomanie machte durchaus Sinn, denn die moslemische Mogulherrschaft war seinerzeit alles andere als gesichert. Zudem war Akbar von einem riesigen Volk von Hindus umgeben. Da konnte es nicht schaden, sich einerseits gut zu schützen und andererseits nach außen möglichst mächtig und unverwundbar zu wirken.

Der Ohrenarzt

Bei einer Pause vor dem Fort werden wir auf einen seltsam ausgerüsteten Mann aufmerksam. In der Hand hält er einen kleinen verbeulten Blechkoffer, unter dem Rand seiner Schirmmütze lugen Metallstäbchen hervor, hinter seinen Ohren hat er Wattebäusche deponiert. Er bemerkt uns und bietet umgehend seine Dienste an. Mit unmissverständlichen Gesten stellt er sich als Ohrenarzt vor. Im Grunde unterscheidet ihn nichts von allen anderen armen Schluckern auf der Straße: barfüßig, verdreckt, rote Zahnstummel vom Betelkauen im Mund und keines englischen Wortes mächtig. Nein danke, heute steht uns der Sinn nicht nach einer Ohrenbehandlung. Auch die Demonstration seiner Fähigkeiten an einem zufällig vorbeikommenden Schuhputzer überzeugt uns nicht.

Am Sonntag fahren wir mit dem Zug bequem und flott zurück nach Delhi. Abends treffen wir Lars Ritterhoff. Der reisende Jurist ist mit seiner BMW R 100 GS im Prinzip wie wir auf dem Rückweg nach Deutschland. Nur im Prinzip, weil seine schnörkelreichen Umwege nicht unbedingt darauf schließen lassen. Nach monatelangem Internetkontakt mit ihm passt es nun endlich mit dem gleichen Ort zur gleichen Zeit. Wir beschließen, Pakistan größtenteils gemeinsam zu bereisen. Das erscheint uns allen sicherer, als dort alleine herumzuzuckeln.

Nach zwei weiteren Tagen in Delhi haben wir unser Iranvisum in der Tasche und einen Platz im Nachtzug, der uns zurück nach Nainital bringen wird.

Zugfahren in Indien

Das Zugfahren gehört eindeutig zu den angenehmsten Arten, Indien zu bereisen. Indian Railways ist einer der größten Arbeitgeber des Landes und befördert auf über 60.000 Kilometer Schiene täglich rund zwölf Millionen Passagiere. Dabei gilt es einiges zu beachten: Nie sollte man die billigste Klasse wählen, außer man legt Wert auf innigen Kontakt mit Mensch und Tier. Nur moderat teurer und immer noch ausgesprochen günstig ist ein Ticket der 2. Klasse. Dort gibt es schon komfortable Sitzplatzreservierung. Wir zahlen für die Strecke von 900 Kilometern gemeinsam umgerechnet sieben Euro.

In unserem Nachtzug sind pro Abteil sechs Liegen untergebracht. Die untere sollte man möglichst nie wählen, da man dann den gesamten von oben herabfallenden Müll der Mitreisenden abbekommt. In Indien ist es üblich, jeglichen Unrat an Ort und Stelle fallen zu lassen.

Ganz oben zu liegen ist auch nicht uneingeschränkt zu empfehlen, da man dort vom rasenden Ventilator zumindest tiefgekühlt, im schlechteren Falle sogar rasiert wird. Schlafen kann man grundsätzlich ganz gut, am besten aber mit einem Auge auf stand-by. Sonst kann es vorkommen, dass man wie Tanja wach wird, weil im eigenen Bett noch zwei Inder liegen, die fröhlich grinsend herausfinden wollen, wie viel Nähe sich eine weiße Europäerin gefallen lässt. Die Lektion war lehrreich für beide und für die Inder schmerzhaft. Tanja hat nämlich respektabel ausgeteilt.

Rutschpartie

Trotz der interessanten Zugfahrt kommen wir einigermaßen erholt in Kathgodam an und finden auch flott ein Taxi, das uns rauf in die Berge nach Nainital bringt. Leicht angespannt biegen wir auf den Hotelparkplatz ein, wo die Honda acht Tage alleine stand. Mit Erleichterung sehen wir, dass sie die Wartezeit unversehrt überstanden hat.

Am nächsten Morgen sitzen wir schon früh im Sattel und verlassen die Berge Richtung Westen. Um nach exakt 40 Kilometern auf unsanfte Weise von der Honda getrennt zu werden: Auf einem schnurgeraden Stück Straße wurde eine lang gezogene Betonsenke installiert, um einen Bach aus den Bergen auf breiter Front über die Fahrbahn zu leiten. Da das Wasser nur wenige Zentimeter hoch steht, sehe ich keinen Grund, vom Gas zu sehen. Nach kaum der Hälfte der Strecke reißt der Grip urplötzlich ab und das Vorderrad klappt weg. Da gibt es nichts mehr zu Halten, wir legen uns auf die Seite und rutschen quer durch die Senke. Als wir klitschnass versuchen aufzustehen, erkennen wir den Grund der Rutschpartie: Moos auf dem Boden der Fahrbahn. Das Zeug ist so glitschig, dass wir uns kaum auf den Beinen halten können. Glücklicherweise hat es den Sturz wunderbar gedämpft, und wir können gleich weiterfahren.

Der Tiefpunkt

Nach einer lauten, unruhigen Nacht in schlechten Betten eines miserablen Hotels in einem elenden Dorf fühlen wir uns morgens wie gerädert. Diese Herberge war wieder einmal eine einzige Katastrophe und leider typisch: Verschnarchte, unwillige Hoteliers, die einem ein leeres Zimmer mit nacktem Betonboden, Glühbirne an der Decke, ekliger Toilette ohne Klobrille und entweder knallhartem oder völlig durchhängendem Bett andrehen. Seit Nepal haben wir in keinem normalen Bett mehr geschlafen.

Das hauseigene Essen in diesen Hotels ist meist überteuert und ungenießbar. Zum Frühstück gibt es nichts außer Schulterzucken, Grinsen und einem handwarmen Nescafé. Weil man einfach keine Lust hat, sich wegen uns in die Küche zu stellen.

Doch das Lamentieren hilft nicht, wir wollen möglichst flott nach Manali im mittleren Himalaya kommen, um uns dort für die hohen Pässe der Ladakh-Runde zu akklimatisieren. Also weiter. Den ganzen Tag fahren wir durch strömenden Regen, durch übervölkerte, verschlammte Dörfer und führen aussichtslose Kämpfe gegen rücksichtslose Lkw-Treiber, die immer wieder versuchen, uns möglichst weit an den Straßenrand oder gleich in den Graben zu drängen.

Wie gerne würden wir diesen Tag aus dem Gedächtnis streichen. Am Abend fallen wir völlig fertig, verdreckt und todmüde ins erstbeste Hotelbett. Mitten in der Nacht meldet sich heftiger Durchfall. Einvernehmlich regeln wir eine fünfzehnminütige Toilettennutzung im fliegenden Wechsel. Gegen Morgen bekomme ich hohes Fieber mit Schüttelfrost. Eigentlich ist an eine Weiterfahrt nicht zu denken. Eigentlich ...

Doch dieser Schuppen ist mal wieder so erbärmlich, die schlammige, verregnete Gegend sowieso und der ständig hupende, nie versiegende Verkehrsstrom vor dem Fenster zerrt gewaltig an den Nerven. Also mobilisiere ich alle Reserven und zwinge mich nah am Kreislaufkollaps erneut aufs Motorrad. Und siehe da, kaum habe ich den Hochsitz erklommen, geht es mir gleich besser. Der Blick klärt sich, etwas Farbe bemächtigt sich meiner Wangen. Ein hübscher Kontrast zu den schwarzen Augenringen, wie Tanja aufmunternd meint.

Die nächsten zwei Tage sind eine einzige Schinderei. Alle Stunde halten wir an, um zumindest eine Banane zu essen oder irgendwas zu trinken. Oft klappt selbst das nicht, sofort ist Indien auf den Beinen und umwogt uns in so dichten Menschentrauben, dass wir einfach nicht vom Motorrad absteigen können. Mit zusammengebissenen Zähnen schaffen wir es bis Manali. Für 450 Kilometer haben wir volle vier Fahrtage gebraucht.

Um wieder zu Kräften zu kommen, buchen wir für zwölf Euro pro Nacht ein besseres Hotel mit vernünftigen Betten und eigener Sitztoilette. Zwei Tage später geht es uns jedoch noch schlechter, sodass wir einen Arzt aufsuchen. Mit Antibiotika und jeder Menge gut gemeinter Ratschläge verkriechen wir uns wieder im Bett.

Der absolute Tiefpunkt

Würde jetzt eine Fee mit Zauberstab vorbeikommen – diese Reise wäre auf der Stelle beendet. Körperlich und moralisch sind wir am Ende, können die permanente Distanzlosigkeit und das mittlerweile verhasste Dauergrinsen der Inder einfach nicht mehr ertragen, haben keine Lust, auch nur einen

Meter auf diesen von Kuhscheiße verschlammten Straßen zu fahren. Wir wollen nur noch weg.

Einige Tage später, nach der zweiten Antibiotikakur, zeigen die Medikamente endlich Wirkung, und es geht uns langsam besser. Nach weiteren fünf Tagen trauen wir uns aus dem Haus und erkunden die – bei Gesundheit und Sonnenschein betrachtet – wunderschöne Gegend.

In dem steil am Hang gelegenen Old Manali geht es ruhig und geruhsam zu. Die Jugend ist ins turbulente Manali im Tal abgewandert, geblieben sind die Alten und ihre urigen Lehmhäuser. Inzwischen haben wir wieder unseren Frieden gefunden, das Entdecken macht tatsächlich wieder Spaß. Außerdem haben wir in den letzten drei Wochen gemeinsam 16 Kilo abgespeckt, wodurch die Kraxelei durch die Berghänge entschieden leichter fällt.

Ladakh – im Himalaya unterwegs

Vor der Reise in die höchsten befahrbaren Berge der Welt checke ich das Motorrad besonders gründlich und bemerke, dass ein Vorderradlager ausgetauscht werden muss sowie die vorderen Bremsbeläge restlos aufgebraucht sind. Kein Problem, transportieren wir gerade diese Ersatzteile schon seit fast einem Jahr durch die halbe Welt.

Schnell ist das Lager getauscht, die Bremsbeläge leider nicht. Weshalb auch immer – sie sind zu groß für die Bremsanlage der Twin. Da sich die massiven Dinger beim besten Willen nicht von Hand verkleinern lassen, suchen wir eine Werkstatt auf. Der Besitzer nimmt sich der Sache gleich an und sägt, weil gerade Stromausfall ist, in Schweiß treibender Fleißarbeit einen Bremsbelag passend. Dann kehrt dummerweise der Strom zurück und er verkleinert die drei anderen Beläge mit einer elektrischen Schleifmaschine. Dummerweise, weil durch die Vibrationen der Maschine aus zwei

Bremsbelägen große Stücke des Belages herausbrechen. Großer Mist, denn Ersatz ist hier nicht aufzutreiben. So bleibt uns nichts anderes übrig, als die vermurksten Beläge so wie sie sind einzubauen. Geschätzte 60 Prozent sind von der ursprünglichen Belagfläche noch übrig.

Was soll's – in nächster Zeit geht es ohnehin fast nur noch bergauf. Wer braucht da schon volle Bremswirkung? Das Motorrad ist fit, wir selbst sind zu 90 Prozent regeneriert, da steht der großen Runde durch den Ladakh, diesen mächtigen Gebirgszug im Westen des Himalaya, nichts mehr im Weg.

Die erste Etappe führt auf den 50 Kilometer entfernten Rohtang La Pass. Bereits dieser Start hat es in sich, die schmale Piste wird immer wieder von holperigen Wasserdurchfahrten und schlammigen Passagen unterbrochen. »Das hört wohl nie auf«, denke ich und werde Recht behalten. Das weiß ich jedoch zu diesem Zeitpunkt noch nicht.

Nach 40 Kilometern steht eine Suzuki DR 650 mit österreichischem Nummernschild am Straßenrand – Klaudia Honeder auf Weltreise. Die Chemie stimmt auf Anhieb, wir haben dasselbe Ziel, daher beschließen wir, vorerst zusammenzubleiben. Die Ladakh-Runde soll ja nicht ganz ohne sein.

Weitere zehn Kilometer später wartet der Sattel des Rohtang La. Der kleinste der Ladakh-Passgiganten weist bereits 3.970 Höhenmeter auf, was wir an der dünnen Luft deutlich merken. Einige Beweisfotos später lassen wir die Motorräder bergab rollen und folgen dann dem Bergbach Chandra. Bei Tandi steht die letzte Tankstelle für die nächsten 370 Kilometer. Eine verdammt lange Strecke für unsere knapp 30 Liter Spritvorrat. Die Pisten und die Höhenluft werden ihren Tribut fordern, möglicherweise wird das Benzin nicht reichen. Gut dass wir zu dritt sind und uns im Notfall aushelfen können.

Im nahen Keylong fragen wir uns gerade nach einem Hotel oder Gasthof durch, als ich im Augenwinkel bemerke, wie sich ein rückwärts rangierender Kleinwagen auf uns zu bewegt. Zu spät, der Kerl rammt uns und drückt Motorrad samt Besatzung zu Boden. Glück gehabt: Ein paar Kratzer an der Africa Twin, sonst ist nichts passiert. Die einzige Reaktion des Fahrers ist das übliche indische Grinsen, worauf ich Tanja nur mit Mühe davon abhalten kann, dem Typ an die Gurgel zu fahren.

Morgens zickt die Honda beim Start. Hat sie von Indien die Nase voll? An den 3.200 Höhenmetern kann es nicht liegen, also muss etwas Technisches hinter der Startmüdigkeit stecken. Erste Feststellung: kein Zündfunke. Klaudia kennt zu Hause einen eingefleischten Africa-Twin-Fahrer und ruft ihn per Mobiltelefon an. Was für ein Glück – der Mensch kommt soeben von der Nachtschicht nach Hause. Seine Vermutung, ein korrodierter Not-Aus-Schalter, stellt sich als Volltreffer heraus. Tja, der moderne Reisende und die Möglichkeiten der weltweiten Kommunikation. Nach einer ordentlichen Kriechöldusche springt die Twin an. Astrein, jetzt aber Gas. Es ist inzwischen Mittag geworden, und man kann auf diesen Pisten keinerlei Voraussagen bezüglich der Fahrzeit für eine vorgegebene Distanz machen.

Die Strecke entlang dem Flüsschen Bhaga präsentiert die eine oder andere Schlammpassage. Bei Patsio warten mehrere tiefe Wasserdurchfahrten auf weggespülter Holperstrecke, wir bekommen erstmals nasse Füße. Tanja muss oft absteigen, um zu Fuß die Wasser- oder Schlammtiefe auszuloten. Dann heißt es, die beste Spur zu finden. Vollgas und durch funktioniert nicht, denn die Passagen sind oft 200 und mehr Meter lang. Es wird schon dunkel, als wir durchgefroren und mit Schwimmhäuten zwischen den Zehen in der Zeltstadt nahe Sarchu einlaufen. 115 gefahrene entsprechen 500 gefühlten Kilometern.

Trotz aller Strapazen: Wir haben bis jetzt grandiose Landschaften gesehen. Die Ausblicke auf die Sechs- und Siebentausender ändern sich ständig und sind immer wieder beeindruckend. Auf dem zweiten Pass dieser Runde, dem Baralacha La, kratzten wir knapp an der 5.000-Meter-Marke.

Die Zeltstädte rund um Sarchu sind eine der wenigen Einnahmequellen für die hier beheimateten Ladakhi. Angeboten werden fix und fertig aufgestellte und ausgestattete, derbe Zelte unterschiedlichsten Komforts. Wir wählen eines mit Feldbetten. Im Preis von acht Euro ist das gute Abendessen, bestehend aus schmackhaftem Schmorgemüse und frischen Chapatis (indisches Fladenbrot), schon inbegriffen. In herrlicher Landschaft, umgeben von gewaltigen Schutthängen und einer nahen Schlucht, fühlen wir uns in der Zeltstadt bestens aufgehoben. Auch die dünne Luft auf 4.400 Höhenmetern fordert – noch – keinen Tribut, und wir schlafen in dem Mietzelt tief und fest. Zwar wird es hier oben in der Nacht empfindlich kalt, doch dafür sind wir mit gleich mehreren schweren tibetanischen Filzdecken bestens gerüstet.

Der nächste Morgen sieht uns früh auf den Beinen, denn heute steht der höchste Streckenabschnitt der Ladakh-Runde an. Nach etwa 40 Kilometern beginnen die Gata Loops, das sind 21 gewaltige Kehren, die sich eine Bergflanke emporwinden. An deren heiß ersehntem Ende wartet der Nuchli La mit 5.020 Höhenmetern. Hier oben hat die Honda kaum noch Leistung, und wir sind froh, die Passhöhe geschafft zu haben. Kurze, aber anstrengende zehn Kilometer weiter der Lachalung La mit ebenfalls über 5.000 Metern. Es ist deutlich zu spüren: Ab 4.500 Höhenmetern tut sich die schwer bepackte Africa Twin sehr schwer, bei 5.000 Metern wird das Anfahren nahezu unmöglich. Ist es allzu steil, muss Tanja absteigen und bis zu einer flacheren

Stelle vormarschieren. Danach kommen wir nur mit viel Drehzahl und schleifender Kupplung gerade so vom Fleck. Die Zahnräder des zweiten Gangs haben Pause, dem Motor fehlt es sowohl am Durchzug als auch an der Kraft.

Klaudias Suzuki DR 650 steckt die Höhe deutlich besser weg. Klar, sie hat natürlich viel weniger zu schleppen als unsere mit zwei Personen und Gepäck vollbeladene Africa Twin. Ich vermute aber auch, dass der Einzylinder der DR mit einer magereren Grundabstimmung läuft. Vielleicht hätte ich die Gemischregulierschrauben am V-2-Motor der Twin mehr als nur 1/4 Umdrehung in Richtung mager stellen sollen?

Bei Pang führt eine endlose Schotter-/Sandpiste, die sich bis zum Horizont erstreckt, über das gewaltige More Plateau. Nach über 50 Kilometern reinem »Offroad« wird uns etwas mulmig, denn die Reifenspuren zerfasern immer mehr, die Richtung ist längst nicht mehr klar auszumachen. Also halten wir uns südlich, wo eigentlich die ehemalige Straße verlaufen müsste. Glück gehabt, nach nur wenigen Kilometern stoßen wir wieder auf die Hauptpiste, der wir bis zum Tsokar Lake folgen.

Der See liegt in einer riesigen Hochebene, umgeben von schneebedeckten Gipfeln und vielfarbigen Schutthängen. Die Fernsicht auf 4.800 Höhenmetern ist schier endlos. Niemals zuvor atmeten wir so reine und klare Luft. Als ob man nur noch eine dünne Schicht Atmosphäre zwischen sich und dem Weltall hätte. Definitiv gehört der Tsokar Lake auf unserer »Schönste-Orte-auf-Erden-Liste« ganz, ganz weit nach oben.

Auch heute kommen wir wieder in Mietzelten unter, werden jedoch in der Nacht still und heimlich von der fiesen Höhenkrankheit eingeholt. Gut, das wir vorgesorgt und entsprechende Medikamente dabei haben. Der unangenehme Kopfdruck schwindet zwar, doch so richtig wohl fühlen wir uns auch nach den Tabletten nicht. Angeschlagen verlassen wir diesen traumhaften Ort, um nach Leh zu gelangen. Das liegt auf 3.500 Metern und ist damit ideal für eine mehrtägige Akklimatisierungsphase, die jetzt dringend angeraten scheint.

Zuvor heißt es, den zweithöchsten Pass der Welt überwinden, den 5.350 Meter hohen Taglang La. Mit viel Mühe und Gestotter schafft die Twin diesen Monsterpass. Uns geht es hier oben auch alles andere als gut – Atembeschwerden, enorme Ermüdung. Dann fängt es auch noch an zu schneien. Jetzt so schnell wie möglich abwärts. Doch die Bergabstrecke ist tief verspurt und verschlammt, Hangrutsche haben die Piste unter sich begraben. Lkws haben schmale Reifenspuren gefräst, in denen wir abwärts schlittern.

Bei Rumtse wird es besser, die Strecke trocknet ab, wir können wieder die uns umgebende Szenerie genießen. Die Berghänge präsentieren sich in vielen verschiedenen Braun-, Rot- und Grüntönen, aus den Schutthängen stehen eigenartige scharfe Grate hervor. Kurz vor Upshi überstehen wir die bislang tiefste und reißendste Wasserdurchfahrt, danach gibt es endlich wieder Asphalt unter die Räder. Auf den letzten 50 Kilometern bis nach Leh kann ich sogar hin und wieder den vierten Gang einlegen und mit wahnwitzigen 80 Sachen am Indus entlangbrettern. Was für ein Gefühl, nach langen Tagen im ersten und zweiten Gang.

Bei einer tibetischen Flüchtlingsfamilie finden wir ein nettes Zimmer und genießen erst einmal die – wenn auch kalte – Dusche. Die folgenden Tage verbringen wir in der mit 30.000 Einwohnern größten Stadt weit und breit mit faulenzen, essen gehen, Wäsche waschen und Motorrad pflegen. Akklimatisierung pur.

Die Besichtigung des Leh Palace wird zum Reinfall. So gewaltig und dominierend der Palast auch von der tiefer gelegenen Stadt aus wirkt, im Inneren ist er eine einzige Ruine, und nichts zeugt mehr von der untergegangenen Pracht. Schade. Immerhin war der Bau noch im vorletzten Jahrhundert Sitz der Königsfamilie des ehemals freien Königreichs Ladakh.

Ein Ausflug zum wenige Kilometer entfernten Shey Palace ist schon lohnender. Zwar ist auch dieser zum Teil verfallen, doch die Haupträume werden weiterhin genutzt, einige wenige buddhistische Mönche halten dort ihre Zeremonien ab. Im Gebetsraum steht die größte sitzende Buddha-Statue überhaupt: Auf satte zwölf Meter bringt es der goldüberzogene, selig Lächelnde.

Nur einen Katzensprung entfernt wartet das Thikse Gompa auf unseren Besuch. »Gompa« bedeutet Kloster, dieses ist ein besonders reges. Denn um die hundert Nachwuchsmönche sind mit ihren buddhistischen Studien beschäftigt. Das riesige, ziemlich verschachtelte Gebäudeareal ist hervorragend in Schuss und bestens gepflegt. Man streift durch die Räume und Gebäude und fühlt sich ins Mittelalter versetzt. Getoppt wird dieses faszinierende Erlebnis, als wir den Gebetsraum entdecken. Fast rund um die Uhr wird in ihm aus den heiligen buddhistischen Schriften rezitiert. Wir lassen uns direkt neben den Mönchen nieder und genießen dieses fremdartige, tief beeindruckende Schauspiel für eine lange Weile. Wir haben es überhaupt nicht mehr eilig.

König der Pässe

Der höchste befahrbare Pass der Welt ist der Khardung La, nur 40 Kilometer von Leh entfernt. Relativ zügig gelangen wir auf seinen Sattel, lediglich die allerletzten Kilometer der Straße sind in schlechtem Zustand. Wie schon vermutet, zeigt das GPS eine erheblich niedrigere Höhe an, als die indischen Straßenbauer glauben machen wollen. 5.606 Höhenmeter geben sie für den Kahrdung La an, unser GPS und die Höhenmesser ebenfalls anwesender Wanderer versteifen sich auf Werte um 5.380 Meter. Was soll's – auch damit ist der Pass immer noch der Höhenmeterkönig.

Und überhaupt: Die Fernsicht ist bei dem strahlend blauen Himmel mal wieder endlos, und die Fahrt herauf hat großen Spaß gemacht. Denn so ganz ohne Gepäck geht es doch deutlich besser voran. Bevor wir uns wieder zu Tal stürzen, verabschieden wir uns von Klaudia. Sie fährt weiter nordwärts, um das Nubra Valley zu erkunden. Wir hingegen wollen unsere Ladakh-Kashmir-Umrundung weiterverfolgen.

Obwohl wir am Vorabend schon das ganze Gepäck aufs Motorrad geladen haben, wird aus dem geplanten frühen Start nichts. Unsere Herbergsbesitzer haben uns in der vergangenen Woche so ins Herz geschlossen, dass sie uns mit selbst gebackenem Brot und Tee verabschieden wollen. Diese Tibeter sind wirklich ein außerordentlich reizendes Volk.

Überhaupt fühlen wir uns im Hochgebirge sehr viel wohler als am Fuß des Himalaya. Auch wenn es drastisch klingt: Das liegt vor allem an den fast gänzlich fehlenden Indern. Ladakh und die gesamte Region Kashmir ist mehrheitlich von tibetischen Volksgruppen bevölkert. Ladakhi, moslemische Kashmiri und aus ihrer Heimat vertriebene oder geflohene Tibeter bestimmen die geringe Population. Diese Volksgruppen sind äußerst angenehm, sehr freundlich, hilfsbereit und friedfertig. Niemals wurden wir hier oben bedrängt, belästigt oder angebettelt.

Gut gestärkt geht es viele Umarmungen und Schulterklopfer später doch noch los, und wir kommen zunächst flott voran. Die Straße Richtung Westen nach Srinagar ist in gutem Zustand, der Verkehr hält sich in Grenzen. Und zum x-ten Mal überrascht uns das wunderschöne Ladakh mit phantastischen Ansichten und Panoramen.

Der serpentinenreiche Aufstieg zum höchsten Pass dieses Streckenabschnitts, dem Fotu La, folgt. Schon seit einer geraumen Weile wundern wir uns, weshalb wir vom Gegenverkehr verschont bleiben. Fünf Kilometer vor der Passhöhe des Rätsels Lösung: Erdrutsche überall. Die Piste ist gesperrt, der Lkw-Rückstau bereits riesig. Wir mogeln uns in die Pole Position vor, Tanja erkundet die ersten Hangrutsche zu Fuß. »Das Geröll ist zwar ganz lose, aber mit Schmackes müsste es eigentlich gehen«, so ihre Einschätzung. Also rauf aufs Motorrad und Gas. Die abwehrenden Gesten der Straßenarbeiter ignorierend fahren wir los, und es klappt. Nach drei erfolgreich gemeisterten Geröllpassagen bremst uns Nummer 4 aus – der Schuttberg ist einfach zu groß. Der mit dem Abräumen des Schutts beschäftigte Raupenfahrer erkennt unser Problem, räumt flugs einen schmalen Durchgang frei, und weiter geht es. Es ist schon 18.00 Uhr und dunkelt bereits, als wir endlich die 230 Kilometer von Leh bis Kargil geschafft haben. Erschöpft und den Kopf voll herrlicher Bilder fallen wir in die spartanischen Betten unserer Billigunterkunft.

Ins Herz des Kashmir

Nicht zuletzt wegen der harten Betten sind wir auch heute Morgen wieder früh auf den Beinen, um die nächste Etappe nach Srinagar anzugehen. Die ist zwar nur 205 Kilometer lang, doch haben wir im Himalaya schon genug Lehrgeld bezahlt, um uns nicht in falscher Sicherheit zu wiegen. Ein einziger großer Hangrutsch reicht für eine stundenlange Verspätung, ganz zu schweigen von einem plötzlichen Wetterumschwung. Doch erst einmal läuft es ganz gut, zügig sind die ersten 70 Kilometer bis Drass abgespult.

Die Landschaft des Kashmir ist wieder ein Gedicht. Nach und nach wird sie immer grüner, mehr als einmal fühlen wir uns in die Schweiz versetzt. Bei einer Teepause fällt auf, wie stark sich auch die Bevölkerung verändert hat. Um uns herum fast ausschließlich Moslems mit kunstfertig gewickelten Turbanen und langen, hennageröteten Bärten.

Nomadenfamilien, bunt gekleidet und auf prächtig geschmückten Pferden, begegnen uns. So etwas bekamen wir im Ladakh nicht zu Gesicht. Romantische Anwandlungen lassen sich da nicht vermeiden. Das Schwelgen in idealisierter Nostalgie findet jedoch ein jähes Ende, sobald man anhält. Augenblicklich setzt sich alles was Beine hat in Bewegung, um zu erbetteln, was nicht niet- und nagelfest ist.

Nach der Teepause am Straßenrand wird die Fahrbahn schmaler und schlechter. Verschwitzt und durchgeschüttelt erreichen wir den Sattel des einzigen Passes dieser Etappe und können uns erst einmal auf eine längere Wartezeit einrichten. Direkt vor uns hat eine unendlich lange Militärkolonne ihre Lkws gestoppt, um an einer Kapelle für religiösen Beistand zu bitten. Na prima. Vorbeifahren geht nicht, der Bergflanke wurde gerade so eine einspurige Rüttelpiste mit halbmetertiefen Löchern abgetrotzt.

Die Jungs beeilen sich zum Glück mit der göttlichen Fürbitte, und schon nach einer Viertelstunde geht es weiter. Aber wie: Staubedingt warten auf der anderen Seite des Passes bereits dutzende schwarz qualmende Tatras darauf, uns und die Umwelt einzunebeln. Die 30 Kilometer bergab werden daher zu einem Alptraum. Ständig müssen wir stoppen, nur Zentimeter vom Abhang entfernt um Haltung füßelnd, um die Lkws passieren zu lassen. Erst in Sanumarg findet dieses grauenvolle Gegurke ein Ende.

Als wir bei einem späten Mittagessen zur Ruhe kommen, bemerken wir, wie sehr sich die Landschaft schon wieder verändert hat. Der Ort könnte auch mitten im heimatlichen Schwarzwald stehen. Die Hänge sind voller Wildblumen und saftig grün, das Tal breit, die Temperaturen angenehm. Sollen wir für eine Nacht hier bleiben? Nein, besser nicht, Pakistan wartet. Also weiter nach Srinagar.

Auf dem Weg dorthin eine letzte böse Überraschung: Ein gewaltiger Erdrutsch hat die Straße komplett weggerissen. Wo vorher die Fahrbahn war, stürzt nun ein reißender Bergbach ins Tal. Da müssen wir durch. Am besten mit vereinten Kräften. Tanja steigt ab und schiebt von hinten, während ich versuche, mit den Füßen nachzuhelfen und dabei irgendwie das Gleichgewicht zu wahren. Mit wieder mal nassen Socken erreichen wir ohne Blessuren das rettende Ufer.

Srinagar

Eine Stunde später erreichen wir die wasserreiche Stadt Srinagar und entern gleich eines der großen Hausboote, die hier traditionell die Touristenbeherbergung übernehmen. Drei große Seen und zwei Flüsse umströmen die Hauptstadt des Kashmir. In der von Krisen geschüttelten Region des westlichen Kashmir ist es in letzter Zeit etwas ruhiger geworden. Anschläge und Demonstrationen pakistanfreundlicher militanter Moslems werden immer seltener. Noch bis vor kurzem war über Srinagar eine nächtliche Ausgangssperre verhängt. Wenn man unserem Hausboot-Besitzer Glauben schenken mag, wird die Situation von Jahr zu Jahr besser. Die Region und die Menschen hätten es wahrlich verdient.

Das Boot ist der reinste Luxustempel: Wände und Dekken sind mit filigranen Holzarbeiten ausgefüllt, wir schlafen in einem weichen und nicht durchgelegenen Himmelbett, das Wohnzimmer ist wie aus dem Einrichtungskatalog der

Windsors, die Terrasse ein perfekter Ort für den Sonnenuntergang über dem romantischen See. Nach wenigen Stunden an Bord sind wir schon so verzaubert, dass wir gleich eine zweite Nacht buchen. Absolut undenkbar, hier morgen Früh schon wieder abzureisen. Abgelaufenes Visum hin oder her. Zumal wir einen günstigen Preis aushandeln konnten: inklusive opulentem Frühstück mit Omelett, Käse und Tee kostet das Boot nur neun Euro.

Die Natur schöpft hier aus dem Vollen, schon am frühen Morgen sind eisvogelähnliche Kingfisher, Adler, Gänse und Entenfamilien auf dem Wasser zu sehen. So verbringen wir einen herrlich langen Tag mit erholsamem Müßiggang.

Raus aus den Bergen

Nach dieser viel zu kurzen luxuriösen Entspannung schwingen wir uns wieder in den Sattel und suchen den Weg nach Amritsar. Leichter gesagt als getan. Srinagar ist sehr unübersichtlich, die Vororte wollen einfach kein Ende nehmen.

Wieder einmal stranden wir in der Mitte eines Kreisverkehrs. Die ausgeschilderten Orte stehen nicht auf der Karte, wir wissen nicht weiter. Schon naht Hilfe. Ein paar schnieke Anzugträger diskutieren unsere Fahrtroute aus. Einer der »gut betuchten« Herren weiß tatsächlich wie es weitergeht, erklärt uns ausführlich den Weg und hängt zu unserer größten Verblüffung die völlig ernst gemeinte Frage nach ein paar Dollar Honorar an. Kaum zu glauben.

Es dauert über eine Stunde, bis wir endlich raus sind aus all dem Dieselqualm, den Staus und den verdreckten Ansiedlungen südlich der Stadt. Doch auch auf den kommenden knapp 500 Kilometern bis Amritsar ist die Luft nicht rein: Volle zwei Fahrtage ersticken wir förmlich in den schwarzen Dieselwolken unzähliger Militär- und Polizeikolonnen. Das Schlimmste daran: Diese Umweltverschmutzung ist hausgemacht. Würden Polizei und Militär einfach damit aufhören, mit ihren unbeladenen Lkws Unmengen von Diesel völlig sinnlos abzufackeln, wären die Straßen so gut wie leer.

Ein unglaublicher Irrsinn spielt sich hier ganz weit im Westen des Landes ab. Aus Angst vor dem bösen islamischen Nachbarn Pakistan fährt man rund um die Uhr mit hunderten von Lastwagen spazieren. Jeden Tag gehen für diese Art der »Grenzsicherung« eine Million US-Dollar drauf. Gleichzeitig fehlt es an so grundlegenden infrastrukturellen Standards wie einem funktionierendem Stromsystem oder einer Kanalisation. Von einem zuverlässigen Straßennetz oder einem sozialen Hilfesystem ganz zu schweigen. Einmal mehr sind wir von den bizarren Verrücktheiten Indiens schockiert.

Amritsar

Nach zwei Tagen erreichen wir rußverschmiert Amritsar, unsere letzte Station in Indien. Amritsar ist für das größte Heiligtum der Sikhs weltberühmt: den Goldenen Tempel. In diesem wunderschönen Bauwerk wird Tag für Tag in der Zeit von 4.00 Uhr morgens bis abends um 11.00 Uhr aus dem heiligsten Buch der Sikhs, dem Adi Granth, lautsprecherverstärkt rezitiert. Außerdem soll der den Tempel umgebende See heilende Kräfte besitzen, und so ist es ein Muss für jeden Sikh, zumindest einmal im Leben den Goldenen Tempel besucht und in seinem Wasser gebadet zu haben. Die Sikhs sind Anhänger einer um 1500 gegründeten Religionslehre und mögen die reinen Hindus seit der Zerbombung des Goldenen Tempels nicht besonders.

Uns gefällt es hier sehr viel besser als am Taj Mahal, denn der Tempel sprüht vor Leben, das Bauwerk erscheint nach Einbruch der Dunkelheit wie ein Traum aus Tausendundeiner Nacht. Abzocke ist gänzlich unbekannt. Ganz im Gegenteil: Täglich werden bis zu 20.000 Besucher gratis verköstigt, das Pilgerhaus bietet kostenlose Unterkünfte, der Eintritt ist frei. Die Sikhs sind überhaupt nicht aufdringlich und stolzer als der »übliche Inder«. So wird man hier als Tourist zwar wie ein Exot ausgiebig bestaunt, aber nicht gleich belagert.

Den Kopf voller Eindrücke, sinnieren wir am späten Abend im Hof unserer Unterkunft über Indien. Plötzlich ist dumpfes Motorenbollern zu vernehmen, und gleich darauf rollt ein schweres Motorrad auf den Hof. Ein fliegender Teppich wäre nicht unwahrscheinlicher gewesen. Es ist der Italiener Simone Marchetti. Mit seiner Moto Guzzi hat er soeben eine gewaltige Nordindienrunde absolviert und befindet sich nun genau wie wir auf dem Sprung nach Pakistan. Die Nacht wird kurz, denn trotz schwieriger Verständigung haben wir uns viel zu erzählen.

Am Morgen brechen wir gemeinsam auf, verlassen die Stadt und steuern die nur 30 Kilometer entfernte pakistanische Grenze an. Einziges Problem bei der Ausreise: Wegen eines Stromausfalls laufen die Rechner nicht. Der Stromgenerator hinter dem Haus springt zwar an, aber gerade lange genug, um die Rechner hochzufahren. Dann verabschiedet er sich wegen Spritmangels. Nachschub zu besorgen wäre wohl zu mühsam, also legen die Offiziellen die Hände in den Schoß und warten geduldig auf den städtischen Strom. Der ist nach zweieinhalb Stunden wieder da, und kurze Zeit später rollen wir über die weiße Linie, die die Grenze zu Pakistan markiert.

Pakistan

Lahore

Auf pakistanischer Seite gibt es Strom, eine Einladung zum Tee, Wasserpfeife schmauchende Zöllner und eine rasante Abfertigung. Das Glas Tee zu leeren, hält am längsten auf.

Unser Tagesziel ist das eine halbe Stunde entfernte Lahore. Im verabredeten Backpacker treffen wir wie geplant Lars Ritterhoff. Gemeinsam widmen wir vier uns sofort der lange vernachlässigten Genussbefriedigung: In Lahore gibt es erstklassige Pizza und köstliches frisches Eis. Beim Stadtbummel finden wir endlich eine Objektivklappe, die wir in Nepal und Indien nirgends bekommen konnten, sowie das dringend benötigte Kriechöl WD 40. Lahore ist laut und hektisch, der reichliche Verkehr nervt enorm.

Simone verabschiedet sich am nächsten Morgen, denn er hat es eilig, muss jetzt ordentlich »am Kabel ziehen«, wie er sich ausdrückt. Es ist jetzt Ende August, in zwei Wochen will er wieder daheim in Italien sein. In zwei Wochen? Wir können es kaum fassen, dass er das ernst meint. Simone erklärt uns die Hintergründe: Mit seiner Familie zusammen betreibt er ein Geschäft und kann dadurch nie besonders lange wegbleiben. Da es ihn aber ständig in die Ferne zieht, muss er die Distanzen in riesigen Etappen abreißen. Für die lange Reise von Delhi quer durch ganz Nordindien und den kompletten Rückweg hat er ganze sechs Wochen Zeit. Da wir uns mit ihm sehr gut verstehen und viel Spaß zusammen hatten, lädt er uns ein, auf dem Rückweg bei ihm vorbeizuschauen. Eine ordentliche Portion Spaghetti sei uns sicher. Spaghetti! Sofort läuft uns das Wasser im Mund zusammen, und wir sagen schneller zu als Simone ausreden kann.

Nachdem die ballernde Langstrecken-Guzzi im pakistanischen Smog entschwunden ist, packen auch wir unsere Habseligkeiten und fahren alleine Richtung Islamabad. Lars gefällt es in Lahore so gut, dass er noch ein wenig bleiben will.

Die Hauptstadt – Islamabad

Sind die 300 Kilometer bis zur pakistanischen Landeshauptstadt an einem Tag zu schaffen? Nach unseren Indien-Erfahrungen sind wir skeptisch. Doch es klappt. Der Straßenzustand ist perfekt. Auf meist vierspurigen Schnellstraßen geht es mit 80 bis 100 Stundenkilometer rasend schnell nordwärts. Was für ein Unterschied zu Indien.

Nach wenigen Stunden erreichen wir den Campingplatz, auf dem sich schon seit Jahrzehnten Legionen von Überlandreisenden treffen. Interessante Tage verbringen wir dort mit Spaniern, Niederländern, Deutschen, Italienern und Schweizern. Ein kosmopolitischer Ort, wenn es je einen gab. Der Platz selbst lässt allerdings einige Wünsche offen: Die sanitären Anlagen haben diesen Namen nicht verdient, und die Anlage liegt direkt an einer Hauptverkehrsstraße. Aber egal, zum idyllischen Campen sind wir ja nicht hier, und um Reisende zu treffen, ist der Platz noch immer eine Topadresse.

In der Stadt können wir gebrauchte Bücher tauschen, unseren Tankrucksack mal wieder reparieren und Wäsche waschen lassen. Selbst das Internet funktioniert in Pakistan recht flott. Wie wir erstaunt feststellen, ist das eine Million Einwohner zählende Islamabad sehr modern, sein Stil geradezu westlich. Das ist kein Zufall, sondern Folge der Tatsache, dass die Stadt erst in den 60er-Jahren auf dem Reißbrett entstand. Sie sollte die alte Hauptstadt Karachi tief im Süden ersetzen, strategisch nah am Krisengebiet Kaschmir liegen und ein psychologisches Bollwerk zu Afghanistan im Westen darstellen. Ob Zufall oder Absicht: Islamabad liegt auch noch nahe am Karakorum Highway, der mehr und mehr zu seiner Rolle als wichtige Handelsroute zu den zentralasiatischen Ländern und China zurückfindet.

Karakorum Highway und Khunjerab-Pass

Dann geht es auch schon auf den legendären Karakorum Highway. Zuerst ins nahe gelegene Hasan Abdal, wo der »KKH« beginnt. Laute, dreckige und verstopfte Orte liegen auf dem weiteren Weg, deren einziger Vorteil ist, dass man sie flott hinter sich lassen kann. Eigentlich wollten wir schon am zweiten Fahrtag Gilgit erreichen, doch das gestaltet sich schwierig. Bis zum Straßendorf Chillas kommen wir gut voran und sehen kein Problem, die weiteren 130 Kilometer noch im Tageslicht abspulen zu können. Doch dann bestätigt der Karakorum seinen berüchtigten Ruf: 35 Kilometer lang quälen wir uns mit kochendem Motor über eine sandige, schlammige, nur notdürftig geräumte Erdpiste – der Karakorum Highway ist an mehreren Stellen abgerutscht.

Und als ob das nicht reichte, versucht der spärliche Verkehr sich in beiden Richtungen so gut wie möglich gegenseitig zu behindern. Immer wieder schaffen es irgendwelche Spezialisten, ihr Fahrzeug so dämlich an die engste Stelle zu manövrieren, dass alles zum Erliegen kommt. Mit unserem schweren Reisedampfer können wir den serienmäßigen Einspurfahrzeug-Vorteil leider nur bedingt ausnutzen, denn für gewagte Aktionen ist das Gelände zu schwierig. Wie schon tausend Mal vorher, wünsche ich mir auch jetzt sehnlichst eine leichte Sportenduro. Was wäre das für ein Spaß! Aber so?

Während ich im ersten Gang durch den Dreck wühle und permanent um Haltung füßle, senkt sich allmählich die Sonne. Sofort wird es furchtbar dunkel und kalt. Nur gut, dass die nächste Ortschaft nicht weit liegt und wir dort Unterkunft finden werden. Denken wir. Jaglot ist aber leider ein reiner Militärposten. Es gibt zwar ein paar Absteigen, doch diese offenen Bretterverschläge sind wirklich übel. Also weiter und die letzten 50 Kilometer bis Gilgit durchfahren. In Kälte und vollkommener Dunkelheit. Ganz gegen unseren Grundsatz, niemals nachts in unbekanntem Gebiet zu fahren. Da die Strecke in unerwartet gutem Zustand ist, kommen wir zwar durchgefroren, aber wohlbehalten an. Eine ordentliche Unterkunft nahe am Basar ist mit Hilfe Einheimischer schnell gefunden. Jetzt ist ein Ruhetag dringend notwendig, Gilgit mit seinem bunten, geschäftigen Basar ist genau der richtige Ort dafür.

85 Kilometer sind es nun noch bis zum Khunjerab, dem Pass, auf dem die pakistanisch-chinesische Grenze verläuft. Dazwischen liegt die Ortschaft Sost, die letzte Unterkunftsmöglichkeit vor dem Khunjerab. 20 Kilometern hinter Sost eine Schranke. Ein Uniformierter verlangt pro Person vier US-Dollar Nationalpark-Abgabe. Na gut, der Pass ist ein wichtiger touristischer Punkt, da soll der Staat ruhig etwas dran verdienen. Kein Problem, zahlen wir gerne. Das langwierige Eintragen aller möglichen und unmöglichen Daten in eine riesige Kladde nervt allerdings etwas.

Weiter. Noch bevor ich den dritten Gang einlegen kann, die nächste Schranke. Wozu das? Langsam werde ich stinkig, denn wir wollen zum Fotografieren noch etwas vom morgendlichen Licht erwischen. Wofür haben wir uns so früh aus den Federn gekämpft? Mit jeder Minute wird das Licht schlechter. Betont gelangweilt schlurft ein Militärmensch um die Ecke, fordert uns muffelig auf, abzusteigen, schlägt eine Kladde auf und trägt in aller Seelenruhe genau dieselben Daten von vorhin ein. Nur mühevoll beherrsche ich mich und halte den Mund, während es in mir brodelt. Nach zehn Minuten Krakelei geht es weiter.

Keine 500 Meter weiter die nächste Schranke, diesmal an einer Art Polizei- oder Zollstation. Wieder wartet ein Typ mit Formularen. Jetzt platzt mir der Kragen, Schluss mit Beherrschung. Der arme Tropf bekommt meine geballte Wut ab, ein Schwall englisch-deutscher Schimpfwörter prasselt auf ihn ein. Mein Seelenfrieden ist damit wieder hergestellt, der amtlich Berockte läuft rot an, ansonsten bringt mein Ausbruch absolut nichts. Tanja füllt zum dritten Mal innerhalb eines Kilometers die Formulare und Registrierungsbücher aus, mir zittert für diesen Quatsch zu sehr die Hand. Randvoll mit Adrenalin fahre ich weiter. Tanja hat ganz im Gegensatz zu mir die Ruhe weg. Handelt in solchen Situationen stets nach dem Vorsatz: »Was nicht zu ändern ist, muss man hinnehmen.« Als nach zwei Kilometern keine neue Schranke auftaucht, fahre ich meinen »Kessel« langsam wieder runter.

Schließlich wäre es auch zu blöd, ausgerechnet diese Etappe blind vor Ärger zu fahren. Diese letzten 30 Kilometer sind nämlich das Filetstück des insgesamt 900 Kilometer langen Karakorum Highways. Hier steigt die Straße auf kurzer Distanz von 3.000 auf über 4.700 Höhenmeter an. Nirgends sind die Bergwände enger, die Schluchten steiler und der Himmel blauer.

Der pakistanische Grenzposten lässt sich von der absoluten Notwendigkeit, Fotos zu schießen, überzeugen und gestattet uns gegen Abgabe der Pässe illegal zu passieren. So gelangen wir hinüber zum chinesischen Grenzhäuschen und knipsen uns die Finger wund. Was für ein Panorama: das wahnsinnig intensive Tiefblau des Himmels, ringsum wie an einer Perlenschnur aufgereiht die Berggiganten, allesamt schneegekrönt, beeindrucken um die Wette.

Laut einer Tafel sind es noch knapp 500 Kilometer bis ins chinesische Kashgar. Eine wichtige Station aus alten Seidenstraßentagen. Ein schöner Traum, der vorerst unerfüllt bleiben wird. Nach wie vor ist China an Individualtouristen ohne begleitende Führer leider nicht interessiert und macht die Einfuhr eigener Fahrzeuge so schwer und teuer wie nur irgend möglich.

Was uns angenehm überrascht hat: Der Zustand des Highways ist besser als erwartet. Trotz der durchgehenden Asphaltierung ist die Strecke jedoch nicht immer ein Genuss. Sie ist mit Schlaglöchern und Bodenwellen reichlich gesegnet, die Spuren älterer Hangrutsche sind teilweise nur mit schleifender Kupplung im ersten Gang machbar. Im Vergleich zum indischen Ladakh ist der Karakorum Highway jedoch eine Spazierfahrt.

Auf dem Rückweg stoppen wir in Passu, einer weitläufigen Häuseransammlung am nördlichen Ende des Hunzatals. Dort erwischen wir eine geradezu luxuriöse Unterkunft mit sauberem Bad, weichen Betten und BBC im Fernsehen. Das reicht zum Glücklichsein, 15 US-Dollar sind angemessen. Da hier oben nichts, aber auch gar nichts los ist, genießen wir schweigend und vergessen von der Welt einen Tag lang die grandiose Aussicht auf die Berge vor uns und auf die ungezählten Bilder im Kopf.

Weiter geht es ins nahe Karimabad, dem Zentrum des Hunzatales. Das dörfliche Karimabad hat völlig zu Recht den Ruf, besonders schön in die Geographie des Hunzatales eingebettet zu sein. Wir fühlen uns gut aufgehoben und können uns an den wunderschönen Ausblicken auf die umgebenden Bergriesen nicht satt sehen. Im Süden fällt der Blick auf den König der pakistanischen Berge, den 7.788 Meter hohen Rakaposhi. Im Norden steht das alles überblickende 800 Jahre alte Baltit Fort. Die Szenerie ist traumhaft schön, die Einheimischen sind ausgesprochen freundlich und angenehm. Hier werden wir ein paar Tage bleiben.

Wieder treffen wir auf den kanadischen BMW-Fahrer Kevin Beretta. Schon in Sost haben wir einen interessanten Abend voller Geschichten mit ihm verbracht und am nächsten Morgen kurz hintereinander den Khunjerab Pass erreicht. Nun profitieren wir von Kevins »Heimvorteil«, denn er kennt das Städtchen schon vom Hinweg und weiß eine »heiße« Adresse für Cappuccino und echten Bohnenkaffee. Nachdem wir uns maßlos mit dem schwarzen Gold abgefüllt haben, ziehen wir weiter. Kevin kommt leider nicht mit, er will in den Bergen trekken gehen. Für Flachlandtiroler wie uns ist die Vorstellung vom anstrengenden Bergwandern nicht nachzuvollziehen, und so machen wir uns alleine auf den langen Rückweg nach Islamabad.

Zurück in Islamabad

Da für die Africa Twin ein Ölwechsel und eine komplette Durchsicht anstehen, buchen wir uns der Einfachheit halber in einem billigen Gasthaus statt auf dem Campingplatz ein. Für die anstehenden Marathonetappen Richtung Iran sollte technisch alles in bestmöglichem Zustand sein. Uns erwarten für die nächsten paar tausend Kilometer große Einsamkeit und menschenleere Wüste.

Bei einem Abendspaziergang treffen wir Christian Meier. Der Deutsche ist als Teil einer »Reisekarawane« unterwegs. Mit insgesamt vierzehn Personen, vier Motorrädern, vier

Allrad-Lkws und einem Geländewagen ist die Gruppe vor sechs Wochen in Deutschland aufgebrochen. Nach vielen langen Fahrtagen sind sie heute in Islamabad angekommen und werden sich zunächst einige Tage erholen. Dann ist der Karakorum geplant. Einige Teilnehmer werden danach wieder nach Hause zurückkehren, andere noch bis zu einem halben Jahr weiterfahren. Die Truppe ist kunterbunt gemischt, und wir genießen die deutsche Gesellschaft. Einfach herrlich, sich stundenlang in der Muttersprache unterhalten zu können.

Die vier Motorradfahrer bringen uns zum Nachdenken. Sie genießen durch diese halb organisierte Art des Reisens einige beneidenswerte Annehmlichkeiten: Die Visa wurden zentral organisiert, Gepäck, Benzin, Reifen und Ersatzteile sind in den Trucks untergebracht, und bei einer Panne können die Maschinen auf einem Anhänger weitertransportiert werden. Die Vorstellung, so ganz ohne Gepäck, leicht und unbeschwert durch ferne Länder rauschen zu können, ist nicht übel. Das Motorradfahren mit der vollbeladenen Africa Twin gleich nämlich oft dem Dirigieren eines Panzers.

Belutschistan

Die erste Etappe Richtung Iran, 300 Kilometer Autobahn nach Lahore. Kein Problem, glauben wir. Da uns Lahore schon beim ersten Mal zu laut war, wollen wir erst danach ein Hotel suchen. In der Annahme, eine Unterkunft müsste eigentlich überall zu finden sein. Von wegen. 80 Kilometer lang suchen wir auf dem Weg nach Süden die Dörfer ab. Erst nach über drei Stunden finden wir schließlich ein Motel.

Dafür fällt der nächste Fahrtag umso kürzer aus. Die 260 Kilometer sind schon kurz nach Mittag abgespult. In der Stadt Multan finden wir ein schönes Gasthaus, dessen Besitzer sich auf die Zubereitung chinesischer Gerichte verstehen. Genau das Richtige bei solch reinen Verbindungsetappen. An Fahrtagen wie diesen reduzieren sich unsere Ansprüche an das Reiseland gewaltig: ausreichend Tankstellen und Hotels mit freien Zimmern zum vernünftigen Preis, möglichst mit eigenem Restaurant. Wenn dann noch die Straßen mit einer durchgehend guten Asphaltdecke versehen sind, ja dann sind wir schon sehr zufrieden. Sightseeing, Reiseführer-Lektüre und Stadtbummel, diese Dinge stehen dann ganz weit hinten auf der Prioritätenliste.

Die dritte Etappe bis ins südwestlich gelegene Sukkur strengt an. Die 440 Kilometer im Süden Pakistans sind eine einzige Schinderei. Immer wieder werden wir von der Straße geleitet, um kilometerlang im Schotter den Staub der unzähligen Trucks zu fressen. So dunkelt es bereits, als wir in der Provinzmetropole ankommen. Im empfohlenen Hotel will man uns nicht haben und ist erst nach viel gutem Zureden bereit, uns überhaupt ein Zimmer zu geben. Im hauseigenen Restaurant herrscht eine angespannte Atmosphäre, wir fühlen uns nicht willkommen. Ein Tag zum Abhaken.

Auf dem Weg nach Quetta, dem letzten Etappenziel vor der Wüste, entdecken wir an einer Tankstelle einen platten Vorderreifen. Und haben Glück im Unglück, denn am Rand der Tankstelle werkelt ein Reifenflicker und gummiert unser Loch im Handumdrehen mittels elektrischer Hitze, schwarzer Paste, eines Gummiflickens und einer imposanten Schraubpresse. Die interessante Gummishow kostet umgerechnet 50 Cent, und nach nur 20 Minuten sind wir wieder unterwegs.

Quetta ist mit 550.000 Einwohnern die mit Abstand größte und wichtigste Stadt Belutschistans und doch nicht viel mehr als eine kilometerlang gestreckte, staubige Ansammlung niedrig geduckter Häuser. Die Wetterlage ist drückend, und so können der gelbbraune Wüstenstaub und die Abgase der altersschwachen Fahrzeuge nicht entfleuchen. Das Ergebnis ist Smog schlimmster Sorte. Abends waschen wir schwarze Gesichter und befreien Nasen und Rachen von unappetitlichen pechschwarzen Belägen.

Dann ist es soweit, wir stehen am Rand der großen Wüste Belutschistan. Das Heikle an diesem Gebiet: Sowohl auf den vor uns liegenden 650 Kilometern bis zur iranischen Grenze als auch auf den ersten 100 Kilometern auf iranischer Seite ist die Entführungsgefahr durch Terroristen besonders hoch, schon oft wurden Reisende entführt oder ermordet. Manchmal auch beides.

Die Lage bedingt die Gefahr – nur 50 Kilometer nördlich verläuft die Grenze zu Afghanistan, und genau dort, im tiefsten Süden, blüht der Drogenschmuggel ungebremst. Die berüchtigten Clanchefs kämpfen mit allen Mitteln gegeneinander und benötigen Geld für Waffen. Die Entführung westlicher Touristen ist da ein probates Mittel, um Geld zu erpressen. Das deutsche auswärtige Amt hat daher eine Reisewarnung ausgesprochen. Im Besonderen für Fahrradfahrer und Motorradreisende.

Wegen dieser Gefahr wird man auf der Wüstenpiste vom pakistanischen Militär und der Polizei eskortiert. Haben wir gelesen. In Wirklichkeit werden wir jedoch an allen Kontrollposten freundlich durchgewunken, niemand macht Anstalten, uns Geleitschutz zu geben. Was tun? Mehr als flott weiterzufahren bleibt uns nicht übrig. Der nächste Kontrollposten kommt bestimmt. Nach der Hälfte der Tagesstrecke geben wir die Hoffnung auf Geleitschutz auf und sehen zu, die Wüste so flott wie möglich hinter uns zu bringen. Jetzt nur keine Panne!

Vom Streckenzustand haben wir ebenfalls nichts Gutes

gehört und sind aufs Schlimmste gefasst. Der »Lonely Planet«, die Bibel der Individualreisenden, beschreibt die Strecke gar als »traumatischste Erfahrung der meisten Selbstfahrer«. In der Tat ist die Piste ziemlich holperig und verengt sich schon bald zu einem einspurigen Weg, sodass uns die zahlreich entgegenkommenden Lkws und Busse immer wieder unbarmherzig in den tiefen Schotter neben der Fahrbahn schicken. Trotzdem: So schlimm wie beschrieben ist das alles nicht.

Nach 350 Wüstenkilometern erreichen wir wohlbehalten die Zwischenstation Dalbandin. Im einzigen Hotel des staubigen Wüstenkaffs schenkt uns das Schicksal die Bekanntschaft der Brüder Rolf und Bernd Meiners. Die beiden Deutschen sind mit einem alten S-Klasse-Mercedes Richtung Indien unterwegs. An sich nichts Außergewöhnliches, wenn da nicht zwei Besonderheiten wären: Zum einen ist das erst ihr 16. Reisetag seit Abfahrt aus Norddeutschland. Zum anderen haben beide ihren 70. Geburtstag schon eine ganze Weile hinter sich.

Die beiden Meiners sind beneidenswert locker drauf und selbst am meisten darüber erstaunt, dass sie und der alte Benz die Marathonstrecke bisher so gut überstanden haben. Die rüstigen Rentner konnten den Gedanken nicht ertragen, die altgediente Familienkutsche mangels TÜV zum Schrottplatz zu bringen. Deshalb kamen sie auf die ungewöhnliche Idee, so lange ostwärts zu fahren, bis entweder der Benz den Geist aufgibt oder Indien erreicht ist. Momentan sieht es stark nach Indien aus. Die beiden machen wirklich Mut fürs Alter.

Tags darauf sind die 300 Kilometer zur Grenze zügig abgespult, zumal die gesamte Strecke nun zweispurig und in viel besserem Zustand ist. Geleitschutz gibt es auch heute nicht. Gegen Mittag passieren wir die Grenze, und nach kaum zwei Stunden prangen alle Stempel da, wo sie hingehören.

Wie schon in »Down Under« empfinden wir es als einen überaus beruhigenden, fast meditativen Akt, durch die Wüste zu fahren. Auch wenn uns Belutschistans Wüste nicht ganz so gut gefällt wie die australische, denn der viele Staub in der Luft sorgt für schlechte Sicht. Die hin und wieder recht heftigen Böen erinnern daran, dass jederzeit ein Sandsturm losbrechen könnte. Während einer Pause bekommen wir eine Ahnung davon, welch klaustrophobisches Erlebnis das wohl wäre, denn starke Winde sperren uns urplötzlich in eine Welt aus Gelbbraun ein und reduzieren die Sicht auf wenig mehr als die Hand vor Augen.

Iran

Militärstress

20. September. Endlich drin im lang ersehnten Iran. Lang ersehnt, weil wir nicht das erste Mal an der Grenze zum Iran stehen. Schon 2002 hatten wir eine längere Reise mit dem Ziel Türkei und Iran unternommen. Das Iranvisum prangte im Pass, das Carnet de Passages lag gut verstaut im Alukoffer, leider gefiel uns die Türkei so gut, dass keine Zeit für den Iran übrig blieb. Dabei wollten wir schon damals unbedingt das märchenhaft romantische Esfahan sehen und erleben. Nun endlich ist es also soweit.

Doch vor dem Genuss kommt die Arbeit. Das bedeutet in unserem Fall, dass wir die iranische Militäreskorte ohne Herzinfarkt überstehen müssen. Was uns die Soldaten nicht leicht machen. Die vermummten, maschinengewehrbewehrten Rambos nerven gewaltig. Alle paar Kilometer wird gestoppt, weil uns die eine Eskorte an eine andere übergeben muss. Das geht nie ohne reichlich Palaver, Funkgerätspielerei und langer Wartezeit. In knallheißer Wüstenluft und bei strahlendem Sonnenschein.

Das angepeilte Zahedan ist nur 80 Kilometer entfernt. Sollen sie uns doch einfach ziehen lassen, bitten wir. Doch das läuft nicht, viel zu gerne spielt man für uns die harten Kerle. Sie schießen mit dem Finger in den Kopf, um uns zu verdeutlichen, wie gefährlich gerade diese kurze Strecke ist. Zwei untereinander verfeindete Volksgruppen leben in dieser Region und gehen anscheinend mit äußerster Brutalität vor, wenn sie einen Touristen erwischen können. Da rollten wohl schon so manche Köpfe. Im wahrsten Sinne des Wortes. Na gut, wir lassen uns überzeugen, dann eben Eskorte, schwitzen und in Geduld üben.

In Zahedan, der Halbmillionen-Metropole im äußersten Osten Irans, geht der Ärger weiter – die Hotels sind überteuert, ihre Angestellten unfreundlich. Die uns auf Schritt und Tritt folgenden Soldaten schüchtern die Hoteliers ein, und die wollen uns dann nicht beherbergen. Erst im vierten Hotel kommen wir unter. Für üppige 30 US-Dollar gibt es ein kleines, mieses Loch mit Betten, in denen anscheinend die Matratzen vergessen wurden. Immerhin: Das Abendessen, bestehend aus Curryreis, gegrilltem Hähnchen und Fladenbrot, schmeckt lecker.

Beim allabendlichen Motorradcheck grinst mich ein dicker Nagel im Hinterreifen hämisch an. Der letzte platte Reifen ist erst drei Tage her, muss das schon wieder sein? Beim Herausoperieren stelle ich erleichtert fest, dass der dicke, aber kurze Nagel knapp vor dem Schlauch noch die »Kurve« bekommen hat und innerhalb des Reifenstollens abgedreht ist, ohne den Schlauch zu durchstoßen. Glück muss man haben.

Morgens sehen wir uns noch vor dem Frühstück schon wieder dem Militär ausgeliefert. Und das mir, dem überzeugten Ex-Zivi. Schon seit 6.00 Uhr sitzt der Olivgrüne im Vorraum, damit wir ja nicht unbemerkt entwischen. Über Nacht ist man beim iranischen Militär nämlich zu der Meinung gelangt, uns bis ins 250 Kilometer entfernte Bam Geleitschutz zu geben. Ja nicht! Mit dem Eskortengetausche wie gestern wird das Tage dauern. Ein anwesender Englisch sprechender Iraner kann die Jungs glücklicherweise davon überzeugen, uns ab Zahedans Stadtgrenze in Ruhe zu lassen. Was für ein Druck fällt von uns ab, als der letzte Militärjeep abdreht und wir endlich wieder frei sind.

Ein seltsames System: In Pakistan mussten wir die kritischste Region Belutschistans ohne jeden Schutz überstehen. Jetzt, wo kein großes Risiko mehr besteht, nimmt man uns in Staatshaft und lässt uns keine freie Minute. War doch richtig damals, das mit dem Verweigern des Kriegsdienstes.

Iranische Hochzeit

Der Zustand der iranischen Straßen ist ein Traum. Wie auf einer Autobahn fliegen wir völlig ruhig, ohne Löcher und Wellen im Asphalt, dahin. Unsere Hintern sind trotzdem ganz schön durchgeritten, als wir nach 550 Kilometern in Kerman ankommen. Noch immer weit im Osten des Landes gelegen, ist Kerman die Hauptstadt der gleichnamigen Flächenprovinz. Hier wird ein Kerman-Dialekt gesprochen, der für Teheraner kaum zu verstehen ist, da er noch viele uralte persische Begriffe enthält. Für uns kein Problem. Wir verstehen das eine so wenig wie das andere.

Im erstbesten Hotel steigen wir ab und sehen uns schon nach wenigen Minuten einer Einladung zu einer gerade stattfindenden Hochzeit ausgesetzt. Wir sind zwar fix und fertig, doch wer kann dazu schon nein sagen? Auf zur Hochzeit.

Erster Eindruck: Die strikte Trennung der Geschlechter im offiziellen Rahmen ist sehr befremdlich. Tanja wird zu den Frauen in den Keller geschickt, ich muss den Herren im Empfangsbereich Rede und Antwort stehen. Für mich wird der lange Abend zwar ganz nett, aber völlig unspektakulär. Die fein betuchten Herrschaften sind überaus steif und schweigsam. Es gibt keinerlei Zeremonie, nach einer Ewigkeit wird sehr spät gegessen, anschließend steht man(n) wieder in kleinen Grüppchen herum und raucht.

Im Keller ging es wohl ausgelassener zu. Wie Tanja erzählt, verlief der Abend dort laut und lustig, mit viel Tanz,

Lachen, Singen und Zeremoniell. Genau so, wie wir es eigentlich erwartet haben. Da müssen die Männer noch viel lernen.

Quer durch

Das vorläufige Ende unserer mehrtägigen Marathonetappe ist im wunderschönen Yazd im Zentral-Iran erreicht. Acht Tage und 3.200 Kilometer liegen zwischen Islamabad (Pakistan) und Yazd (Iran) hinter uns.

Tut das gut, endlich anzukommen. Die Fahrerei durch die heiße Wüste, zunächst die Bedrohung durch Überfälle oder Kidnapping, dann das nervige Militär – das war alles ziemlich anstrengend. Nun sind wir heilfroh, wenigstens zwei Tage zur Ruhe zu kommen.

Die größtenteils aus Lehmziegeln erbaute Oasenstadt Yazd ist ein einziger orientalischer Traum. Sie besteht schon seit dem dritten Jahrtausend vor Christus, und das merkt man an jeder Ecke der Halbmillionen-Einwohnerstadt überdeutlich. Überall hoch aufragende Moscheen und Gebäude aus der Perserzeit. Jeder Uhrturm, jeder Basar atmet Geschichte. Die klaustrophobisch engen, verschnörkelten, sandbraunen Gassen gäben eine perfekte Kulisse für jede Sandalenromanze ab.

Das Silk Road Hotel besitzt unter Reisenden fast schon einen legendären Ruf, wir checken ein und sind begeistert von diesem architektonischen Juwel: Um einen großen luftigen Innenhof mit Wasserspielen sind die Unterkünfte, diverse Diwane und weitere orientalische Sitzecken angeordnet. Die Wände sind meterdick, und durch die als Luftfang konstruierten Windschächte herrscht ein angenehmes Klima in den Räumen, sodass trotz der Hitze die Klimaanlage fast immer ausgeschaltet bleiben kann.

Auf der Speisekarte steht unter anderem auch Kamel.

Nachdem wir Hammel in Indien und Pakistan, Krokodil und Känguru in Australien verspeist haben, sind wir auf Kamel sehr neugierig. Ergebnis: Das schwere orientalische Gulasch aus Granatapfel, Walnuss und Kamelfleisch ist einfach köstlich. Dazu gibt es herrlich duftenden Reis. Das Fleisch hat eine eigene Note, ähnelt am ehesten Kalbfleisch oder mildem Lammfleisch.

Tanja kämpft vor Rührung mit den Tränen, als wir uns nach der ersten Nacht in opulenten Betten einem Frühstücksbuffet gegenübersehen, das wir so schon seit Ewigkeiten nicht mehr zu Gesicht bekommen haben: Es gibt eine Art knusprige Brötchen, die dem deutschen Original sehr nahe kommen, Filterkaffee, richtige Butter (in Indien war das eine seltsam bröselige, ranzig-weiße Masse), diverse Marmeladen, Rührei, Orangensaft, knallrote würzige Tomaten und aromatischen Schafskäse.

Viel zu schnell verfliegt die herrliche Zeit in Yazd, und wir sitzen uns auf dem Weg nach Esfahan wieder mal den Allerwertesten platt. Glücklicherweise sind es nur 300 Kilometer. Dass wir für den Iran lediglich dieses siebentägige Transitvisum bekamen, ist wirklich zu blöd. Theoretisch müssten wir jeden Tag im Sattel sitzen, um den riesigen Iran in dieser kurzen Zeit zu durchqueren.

Mitten drin – Esfahan

Esfahan ist mit 2,5 Millionen Einwohnern eine gewaltige Stadt, und so braucht es seine Zeit, bis wir uns durch diverse Kreisverkehre gemogelt und grundlegend orientiert haben. Schließlich finden wir mit Hilfe des Reiseführers eine bezahlbare Unterkunft. Das ist nicht selbstverständlich, denn die Übernachtungspreise sind im Iran relativ hoch – Doppelzimmer sind nur selten unter 15 US-Dollar zu bekommen.

Motorrad abladen, Gepäck aufs Zimmer, und nach kaum einer Stunde sind wir zu Fuß unterwegs in Esfahan. Dreh- und Angelpunkt ist der mittig der Stadt liegende Imam Square. Wer den »Medicus« gelesen hat: Meidane Square. Dieser gigantische Platz gilt als der zweitgrößte der Welt: Die Nummer eins ist mit knapp 40 Hektar der Platz des himmlischen Friedens in Peking. Der Imam Square ist über 500 Meter lang und mehr als 160 Meter breit. Typisch orientalische Bauweise bedeutet vor allem Symmetrie. So sind an den Schmalseiten des Platzes eindrucksvolle Tore installiert. Hinter dem südlichen verbirgt sich die gewaltige Imam Moschee, am nördlichen der Haupteingang zum sieben Kilometer langen Basar. An den Breitseiten stehen sich Palast und Frauenmoschee gegenüber. Die wahre Pracht entfaltet sich jedoch erst am Abend. Dann sprudeln lichtunterstützte Wasserspiele, die Bauwerke werden eindrucksvoll angeleuchtet, und die Esfahanis treffen sich zum Picknick.

Ab sofort steht das Essen nach Einbruch der Dunkelheit ohnehin hoch im Kurs, denn heute beginnt der einmonatige Ramadan. Wie uns Einheimische mitleidig verraten, eine denkbar schlechte Zeit für Touristen. Von Sonnenauf- bis Sonnenuntergang haben Teehäuser, Restaurants und Kebabbuden geschlossen. Auch für einen Touristen gilt es als sehr schlechten Stil, während des Ramadan tagsüber fröhlich kauend umherzulaufen. Ein wenig Rücksicht haben die tagsüber nur Wasser zu sich nehmenden Muslime schon verdient.

Gleich am nächsten Morgen sitzen wir im »Alien Affair Bureau«, ein phantasievoller Name für das Fremdenamt. Genau heute läuft nämlich unser knausriges Siebentage-Transitvisum ab. Wir sind jedoch guten Mutes, zumindest eine Woche Nachschlag zu bekommen. Mit Glück und Verhandlungsgeschick vielleicht gar zwei Wochen heraushandeln zu können.

Doch alles läuft ganz anders: Diese Art Visum sei definitiv nicht verlängerbar, blafft man uns säuerlich entgegen. Nur bei ärztlichem Attest oder Krankenhausaufenthalt seien maximal zwei weitere Tage drin. Basta! Auch der Verweis auf unser beschädigtes Motorrad, das angeblich kaum noch fahren kann und wir deshalb von hier nicht wegkommen, erweicht der Bürokraten Herz nicht. In diesem speziellen Fall, meinen sie, müsse man erst einmal mit Teheran sprechen. Na dann gute Nacht. Über den Amtsschimmel in Teheran haben wir schon die schlimmsten Dinge gehört.

Nach einigem telefonischen Hin und Her speist man uns mit drei Extratagen ab, mehr ist nicht drin. Bei der Rückgabe der Pässe sehen wir, dass man uns nicht drei, sondern vier Tage eingetragen. Ungläubiges Staunen. Mit einem Augenzwinkern bedeutet man uns, jetzt bloß den Mund zu halten und zügig zu verschwinden.

Tja, so freundlich dieser Bonus auch gemeint ist – wir können nur noch einen Tag in Esfahan verbringen. Die letzten drei Tage benötigen wir, um die restlichen 1.400 Kilometer bis zur türkischen Grenze abzuspulen. Wir müssen eben das Beste daraus machen, jede kostbare Minute ausnutzen. Und so stürzen wir uns gleich wieder ins bunte Treiben des Basars.

Dort erstehen wir ein paar köstliche karamellisierte Pistazien und lutschen sie möglichst unauffällig im Dämmerlicht der Basarkatakomben. Am Abend besuchen wir die weltberühmte Si-o-Seh-Bridge. Dieses begehbare Dammwehr besteht aus dreiunddreißig Arkaden, die durch indirektes Licht beleuchtet sind und ein wunderschönes Motiv abgeben. An den Enden der Brücke sind romantische Teehäuser untergebracht, Dutzende Esfahanis relaxen dort bei Wasserpfeife und Tee. Ein überaus friedliches Erlebnis. Diese erlebte Wirklichkeit und das propagierte Medienbild des ach so blutrünstigen, fanatischen Irans in der westlichen Welt ... Unterschiedlicher könnte es nicht sein.

Beeilung

Schluss mit Sightseeing, nun heißt es Vollgas voraus Richtung türkische Grenze. Auf gar keinen Fall das Visum überziehen, denn das soll mehrtägigen Stress an der Grenze bedeuten.

Das erste Etappenziel heißt Zanjan und liegt 620 Kilometer nordwestlich von Esfahan. Dort angekommen, verleihen wir uns die Medaille für den »Eisenarsch wider Willen«. Ein einfaches aber gutes Restaurant ist in eine restaurierte Karawanserei eingezogen, und im Kreise Dutzender Einheimischer lassen wir uns Lammhaxe und pikant gewürzten Kartoffeleintopf schmecken. Ein tolles Ambiente und eine gelungene Verwöhnaktion nach der zehnstündigen Tortur.

Weiter geht es über das riesige industrielle Tabriz immer weiter in die nordwestlichste Ecke Irans. Die Landschaft verändert sich dabei zusehends. Die Wüste weicht mehr und mehr dem Gelbgrün herbstlicher Weiden, immer öfter sind auch mal kleinere Bäumchen zu sehen. Zwischen Zanjan und der türkischen Grenze umgeben uns Apfelplantagen, weidende Kühe und schier endlose Blumenfelder. Wie Wellen bewegt sich das bräunliche Steppengras über die Hügel. Wunderschön, im weichen Herbstlicht ein Festmahl für die Augen. Würden nicht immer wieder speedhungrige Iraner beim lebensmüden Überholvorgang direkt auf uns zugerast kommen, könnte ich den Blick nicht mehr von dieser Umgebung lösen.

Sogar Kurven gibt es hier. Nach Tausenden Kilometern auf endlosen Geraden eine höchst willkommene Überraschung. Die Bergregion macht es möglich. Kleinere Pässe von um die 2.000 Meter sind immer mal wieder zu überqueren, da bleibt die eine oder andere Ungerade zu unserer Freude nicht aus. Die Pässe wirken etwas bescheiden, was jedoch daran liegt, dass der Iran im Wesentlichen eine Hochebene ist und wir meist auf 1.000 bis 1.500 Höhenmetern unterwegs sind.

Über den Grenzübergang Bazargan ist in der Reiseszene nicht viel Gutes zu hören. Die Passage soll mindestens drei Stunden, wenn es schlecht läuft auch einen ganzen Tag dauern, und auf der türkischen Seite soll eine Versicherung verlangt werden, die ordentlich Geld kostet. Tatsächlich sind wir in eineinhalb Stunden problemlos durch, die tatsächlich notwendige Versicherung können wir auf erträgliche fünf US-Dollar drücken. Es ist schon merkwürdig, was in Reisekreisen immer so erzählt wird. Außer den üblichen Schleppern, die an fast allen Grenzen zu finden sind und die versuchen, einem das Leben schwer und die Brieftasche leicht zu machen, keine Besonderheiten. Nach leider nur elf Tagen verschwindet der wunderschöne Iran aus den Rückspiegeln.

Türkei

Kurdistan

Im grenznahen Dogubeyazit verwenden wir eine Menge Zeit darauf, ein günstiges und akzeptables Hotel zu finden, denn die Türkei ist längst kein billiges Reiseland mehr. Benzin ist teuer, die Hotelaufschläge für Touristen sind oft gesalzen. Da heißt es, Preise vergleichen und verhandeln, denn wir werden eine ganze Weile in der Türkei verbringen. Nach der erzwungenen Kilometerfresserei haben wir dank des türkischen Dreimonats-Visums nun endlich keinen Zeitdruck mehr und können es betont ruhig angehen lassen. Gut so.

Es ist jetzt Ende September, wir wollen den Herbst im Osten und Süden verbringen, fernab von bundesdeutschen Tiefdruckgebieten und Regenpfützen. Guter Plan, doch die Türkei will bei unserem Vorhaben nicht mitspielen. Schon auf den ersten 40 Kilometern auf türkischem Boden werden wir kräftig durchnässt, und das soll in den kommenden Tagen so bleiben. Eiskalt ist es obendrein.

Vor vier Jahren unternahmen wir eine mehrmonatige Motorradrundreise durch die Türkei, und bereits der erste Ort den wir wiedersehen, Dogubeyazit, präsentiert sich stark verändert. Es gibt nun zahllose Internetcafés, Hotels, viel mehr Bettler, Schuhe putzende Kinder und ein massiv erweitertes Stadtgebiet. Nur der wunderschöne Ishak Pasa Sarayi, der altertümliche Palast hoch über der Stadt mit Premiumpanorama, ist immer noch genauso schön wie in unserer Erinnerung.

Gleich neben dem Hotel hat der quirlige 38-jährige Armenier Tigran Abkarian ein kleines Reisebüro, wo er Tag für Tag vor Langeweile vergeht, denn momentan ist im Tourismus tote Hose. Auf der Suche nach einer Türkeikarte stolpern wir in seinen Laden. Nach einigen Tees lädt er uns ein, am Abend zum Grillen vorbeizuschauen. Heute komme der Fischhändler in die Stadt, und kleinere Mengen als ein Kilo Fisch könne man dort nicht kaufen.

Natürlich kommen wir. Tigran versteht etwas vom Grillen, die kleinen frischen Makrelen mit würzigen Tomaten und Fladenbrot zergehen förmlich auf der Zunge. Tigran schildert die Schwierigkeiten, als Armenier in der Osttürkei zu leben. Leidet die kurdische Bevölkerung schon stark unter der Knute des türkischen Militärs, sind die verhassten Armenier noch schlechter dran. Mit belegter Stimme erzählt er von dem kleinen armenischen Dorf am Fuß des Ararat, das er Anfang der 90er-Jahre während der Unruhen um Bergkarabach verlassen musste. Die Region war und ist ein einziger Krisenherd. Der Iran, Aserbaidschan, die Türkei und Georgien umschließen das heutige Restarmenien, dessen größten Teil die Türkei schon seit 1920 für sich beansprucht.

Nach einer Woche packen wir unseren Kram zusammen, nicht ohne vorherigen Adressentausch mit Tigran. Das Wetter bessert sich und scheint uns für den kalten Regen der vergangenen Tage zu entschädigen. Der schneegekrönte Ararat, mit 5.160 Höhenmetern der höchste Berg der Türkei, zeigt sich von der Sonne beschienen in seiner ganzen schneebedeckten Pracht.

Kaum raus aus dem Städtchen, ist es schon wieder vorbei mit der Herrlichkeit, und die kalten Winde kühlen uns ordentlich aus. Nach 50 Kilometern ist in Richtung Van ein Pass von 2.650 Metern zu überwinden. Zweimal halte ich an, um zu überprüfen, ob der Boden schon vereist ist. Was für eine Kälte hier oben. Wenige Tage ist es her, dass wir das gut 30 Grad heiße Esfahan verlassen haben. Und nun das.

In Van, der mit rund 400.000 Einwohnern größten und zugleich inoffiziellen Hauptstadt des höchst inoffiziellen Kurdistans, suchen wir altbekannte Orte auf und verbringen bei mittlerweile milderen Temperaturen die meiste Zeit im herrlichen Stadtpark. Ein durch Bäume beschatteter Ort inmitten des Zentrums, zu jeder Zeit voller meist älterer Einheimischer und wie geschaffen für stundenlanges Ausspannen. Zwei Teehäuser versorgen die Müßiggänger mit der notwendigen Flüssigkeit. Elf Monate im Jahr jedenfalls, nur nicht jetzt im Monat des Ramadan. Der bestimmt leider auch in der Türkei bis auf weiteres unseren unfreiwilligen Diätplan.

Die nächste Etappe führt uns ins 350 Kilometer entfernte südwestlich gelegene Bingöl. Auf dem Weg dorthin weicht uns der wunderschöne See Van für eine lange Weile nicht von der Seite. Einzigartige Panoramen: Rechts der tiefblau leuchtende See, links Hügel- und Bergformationen, die im warmen Herbstlicht wunderbar in Gelb- und Brauntönen erstrahlen. Die Sonne scheint den ganzen Tag und spendiert uns 18 Grad Celsius.

Bei der Hotelsuche in Bingöl werden wir auf Deutsch angesprochen. Der Mann freut sich sehr, jemand aus der Nähe seiner Wahlheimat, dem Ruhrpott, anzutreffen und bietet uns seine Hilfe an. Doch wir sind mittlerweile so geübt im Feilschen, dass auch mit kurdischer Unterstützung kein besserer Übernachtungspreis auszuhandeln ist.

Bingöl ist alles andere als eine Touristenhochburg, und wir werden ungläubig bestaunt. Auch für uns gibt es viel zu staunen, zum Beispiel, dass hier beinahe jeder Deutsch spricht. Irgendwann fragen wir, wie das angehen kann und bekommen die Erklärung: Kaum eine Familie hat nicht mindestens ein Mitglied, das in Deutschland lebt und arbeitet.

Die Provinzstadt hat keine nennenswerte Industrie zu bieten. So bleibt im Wesentlichen nur die Landwirtschaft. Wer kein oder zu wenig Land sein Eigen nennen kann, muss sich zwangsläufig etwas dazu verdienen. Einige finden Arbeit in der Westtürkei. Das ist jedoch nicht jedermanns Sache, denn Bingöls Bevölkerung ist ausschließlich kurdisch, und die Ressentiments zwischen Türken und Kurden sind legendär. Vielen erscheint daher der große Sprung nach Deutschland allemal reizvoller als für die ungeliebten Türken arbeiten zu müssen. Deutschland steht hoch im Kurs, und wir können schon bald nicht mehr allen Teeeinladungen nachkommen.

Auf der Strecke nach Malatya holen wir endlich den Spätsommer wieder ein, und in den Motorradkombis mit dem eingezippten Futter wird es ordentlich warm. Gegen Mittag rasten wir am Ufer eines Stausees. So schön mild es heute auch ist, natürlich hat auch hier längst der Herbst Einzug gehalten. Das Licht ist mild, die Landschaft erstrahlt außergewöhnlich farbenprächtig. Draußen auf dem See schaukelt ein weißes Fischerboot leise vor sich hin.

In Malatya rasten wir erneut und entdecken bei der Stadterkundung ein historisches Holzhaus mitten im Zentrum. Es ist originalgetreu restauriert und beherbergt ein Teehaus nebst Restaurant. Genau das Richtige für die Pause. In der Atmosphäre einer alten Karawanserei schmecken die türkischen Leckereien gleich nochmal so gut.

Kappadokien

Rund 400 Kilometer trennen uns von Göreme, dem Herzstück Kappadokiens. Die Region ist wegen ihrer bizarren Gesteinsformationen weltbekannt. In dem einzigartigen weichen Tuffstein sind Wohnungen, Ferienzimmer, einfache Höhlen, im wahrsten Sinne des Wortes »steinalte« Kirchen und sogar ganze Hotels untergebracht. In der Stadt gibt es eine lange touristische Tradition, von der wir profitieren, denn die wunderschönen Höhlenzimmer sind wegen der großen Konkurrenz günstig, die Internetcafés flott und türkisches Fast Food an jeder Ecke zu bekommen.

Eines Abends machen wir uns mit dem Motorrad auf Fotojagd und besuchen einen besonders fotogenen Panoramapunkt außerhalb der Stadt. Das abendliche Licht ist wegen des Dunstes zwar nicht so gut wie erhofft, dennoch ist es ein schönes Erlebnis, hier oben mit einem Gläschen Tee zu sitzen und die untergehende Sonne zu betrachten.

Während wir den Augenblick genießen, rollt ein Motorrad heran. Überraschung: Es ist derselbe Japaner, den wir schon an der iranischen Grenze sahen, aber keine Gelegenheit hatten, mit ihm zu sprechen. Nun, heute wird er uns nicht noch einmal entwischen.

Mit seiner kleinen Honda XR 250 ist Toby Yanagushi vor vier Monaten in Japan gestartet und hat in dieser verhältnismäßig kurzen Zeit schon Russland, die Mongolei, Kasachstan, Kirgisien, Usbekistan, Turkmenistan und den Iran gesehen. Knappe Visazeiten zwangen ihn zu diesem Eiltempo. Das kennen wir doch irgendwoher ... Toby hat sich vorgenommen, in insgesamt drei Jahren die ganze Welt zu bereisen. Dass motorradfahrende Japaner so häufig auf kleinen Maschinen reisen, ist übrigens keine freiwillige Selbstbeschränkung, sondern Folge dessen, dass ab einem Hubraum von 400 Kubik der japanische Staat exorbitant hohe Steuern verlangt. Erst nachdem es schon lange stockdunkel ist, machen wir uns auf den Weg zurück in unser kuscheliges Höhlenetablissement.

Auch am nächsten Tag genießen wir die Annehmlichkeiten des ruhigen Örtchens, dessen touristische Hochsaison vor rund vier Wochen erreicht war und das nun wieder gemütlich vor sich hinschlummert. Teppichverkäufer, Souvenirbudenbesitzer und Restaurant-Marktschreier scheinen erschöpft von der Saison, denn wenn überhaupt, werden wir nur halbherzig angesprochen. Besser so. Überall können wir ungehindert herumschlendern, ohne uns mit anderen um die besten Plätze balgen zu müssen. Dazu ist es schön warm, aber nicht mehr heiß.

Bei all dem Tourismus ist es umso erstaunlicher, dass sich das kleine Göreme eine ganze Menge dörflichen Charme erhalten hat. Verlässt man die zwei Dorfstraßen, überwiegen sofort wieder die einfachen Lehmhäuser der Bauern. Hier werden Äste zum Feuermachen zerhackt, dort Kürbisse entkernt, Tomaten zum Trocknen ausgelegt und die Wäsche noch immer in Trögen gewaschen. Gerade diese Mischung aus faszinierender Landschaft, den Bequemlichkeiten der Tourismusindustrie und einem ordentlichen Stück Authentizität macht Göreme für uns so reizvoll. Kein Wunder, dass wir gleich mehrere Tage hängen bleiben.

Zwischendurch nehme ich die Ritzelabdeckung der Honda ab, da das Kettengeklapper mittlerweile beunruhigende Dimensionen angenommen hat. Doch ich kann keine Ursache finden. Die Zähne des Ritzels sind zwar ziemlich abgeschliffen, und die Kette hat auch reichlich Spiel, doch sind keine besorgniserregenden Schleifspuren zu entdecken. Jedenfalls nichts, was dieses ständige Klonk-klonk-klonk erklären würde, das besonders unter hoher Last im kleinen Gang auftritt. Unverrichteter Dinge baue ich alles wieder zusammen und hoffe, dass wir so noch bis Antalya kommen.

Tanzende Derwische

Die spezielle Religionslehre der Anhänger des Sufismus ist es weniger, was Tanja interessiert, dafür umso mehr die

Tanzveranstaltungen der so genannten »tanzenden Derwische«. Da man diese nirgends authentischer als in der Hochburg des türkischen Sufismus in Konya geboten bekommen soll, ist Konya unser nächstes Ziel.

Die Stadt ist uns mit ihren 730.000 Einwohnern eigentlich zu groß. Wenn wir keinen guten Grund hätten, würden wir geradewegs durchrauschen. Vor diesen Metropolen haben wir seit Asien einen Horror. Doch die Angst vor dem Verkehrschaos erweist sich als unbegründet, denn Konya ist eine türkische Stadt und keine indische, nepalesische oder pakistanische. Der Verkehr ist harmlos, die Beschilderung hilfreich. So finden wir flott und ohne kochenden Motor das Stadtviertel mit den Billighotels. Praktischerweise nahe am Mevlana Museum, wo die Überbleibsel der größtenteils untergegangenen Sufi-Kultur präsentiert werden.

Doch wir sind nun mal mehr an den Tänzen interessiert und setzen unseren Hotelier, einen netten Ex-Schweizer darauf an, herauszufinden, wo und wann die nächste Tanzveranstaltung stattfindet. Leider ohne Ergebnis. Offenbar gibt es trotz riesigem Mevlana Kulturzentrum und Museum keine zentrale Stelle, die entsprechende Informationen bereithält. Bei unseren Recherchen lernen wir zufällig den Tourismusbeauftragten von Konya kennen, doch selbst der hat keinen Tipp. Da hilft nur eines: durchfragen. Und tatsächlich kommt nach einige Kilometern Stadt-Trekking der Hinweis, in einem traditionellen Restaurant gebe es heute Abend einen Mevlana-Tanz.

Hervorragend. Rechtzeitig sind wir vor Ort. Der Laden ist brechend voll, außer uns kein einziger Tourist weit und breit. Nach einem von Livemusik begleiteten mehrgängigen Menü erscheinen drei Tänzer. Dem Alter nach zu urteilen vielleicht Vater, Sohn und Enkel. Gehüllt in weite, weiße Gewänder und bestückt mit einem hohen, braunen Filzhut, legen die drei los. Schnell und gleichmäßig drehen sie sich zur Musik mit schräg gehaltenem Kopf auf der Stelle. Obwohl die Lieder lang sind, taumelt am Ende keiner. Beeindruckend. Die Darbietung wird mit großer Würde vorgetragen. Einer Meditation nicht unähnlich, die letztendlich auch dahinter steckt.

Ab zur Küste

Konya liegt auf knapp über 1.000 Meter, und der Herbst kommt auch hier mit Macht. In Richtung Karaman haben wir einen kalten, verregneten Pass von nur 1.650 Metern zu überwinden und sind dennoch so durchgefroren, dass wir in der nächstbesten Tankstelle um einen heißen Tee betteln – Ramadan hin, Ramadan her. In einer dunklen verschwiegenen Ecke hilft man uns diskret weiter. Wenig später ist alles wieder in bester Ordnung, denn binnen weniger Kilometer fahren wir auf eine klimatisch angenehme Höhe von 300 Metern hinab. Die Fahrt bergab durch das Gebirge des Taurus ist genial – Motorradrevier par excellence. Endlose Kurven, die sich flüssig und schnell fahren lassen. Immer durch lichten Wald, kaum Verkehr. Einfach wunderbar.

An der Mittelmeerküste angekommen, stoppen wir im ersten Hafen und saugen gierig den Geruch des Seewassers, das Geräusch der Wellen und der klimpernden Takelagen der Fischerboote in uns auf. Lange ist es her, dass wir das Meer sahen. Genau genommen war es in Thailand. Vor einer halben Ewigkeit also. Beim abendlichen Check der Honda fällt auf, dass die immer schlimmer klappernde Kette ordentlich gelängt und nun auch seitlich dramatisch ausgeschlagen ist. Allerhöchste Zeit für einen neuen Kettensatz.

Urlaub vom Reisen

Die 400 Kilometer Küstenstrecke bis Antalya lassen wir betont langsam angehen. Wie so viele andere Küstenstraßen ist auch diese wunderschön. Immer wieder passieren wir kleinere Dörfchen, unterbrochen von dichtem Buschland und rauen Klippen. Nur zu gerne lassen wir uns dazu verleiten, in einem der Häfen auf einen Tee zu halten und die strapazierte Reiseseele baumeln zu lassen. Nach einem Zwischenstopp in Alanya erreichen wir Antalya früh am Tag, damit noch genug Zeit bleibt, den idealen Campingplatz zu finden. Doch den Gedanken, das Zelt aufzuschlagen, können wir uns abschminken: Eine gewaltige Schlechtwetterfront hat die Türkei fest im Griff. Schon seit gestern schüttet es ununterbrochen wie aus Eimern, es donnert und blitzt, sodass uns auch hier jede Lust aufs Campen vergeht.

Bei der missmutigen, halbherzigen Suche nach einer billigen Unterkunft winkt uns das Glück in Form eines kleinen, preiswerten Familienhotels in einem Vorort Antalyas. Die Familie ist freundlich, Tee immer frei, unser Zweirad steht auf Fliesen im Trockenen, die Lage ist ganz okay. Keine Frage, hier werden wir die nächsten drei Wochen bleiben. Dann fliegt nämlich meine Familie wie vereinbart zu Besuch ein. Ein wenig Camperfeeling kommt trotz der Hotelunterbringung auf, denn wir bekochen uns selbst. Nachdem unsere Reisekasse beschlossen hat, sich schneller zu leeren als gewünscht, ist das eine Möglichkeit, etwas Geld zu sparen. Und ein Genuss obendrein, denn wir können endlich mal wieder essen, was wir wollen. Mit unserem altgedienten Benzinkocher fabrizieren wir Suppen, Eintöpfe, Kartoffelpüree und Spaghetti.

Nachdem wir uns eingelebt haben, machen wir uns mit Bürsten, Schwämmen und Lappen über die vernachlässigte Africa Twin her. Nun muss endlich mal der ganze Dreck ab. Die letzte Wäsche fand in Islamabad statt, und das ist ja schon eine Weile her. Seitdem sind wir durch staubige Wüsten gefahren, haben viele Schotterkilometer in Pakistans

Süden absolviert und sind mehr als uns lieb war im Regen unterwegs gewesen. Entsprechend viel Dreck geht bei der Wäsche ab. Unsere nette Hoteliersfamilie erleichtert die Schrubberei erheblich. Nicht genug damit, dass sie uns mit allen Putzutensilien ausstatten, wir werden auch noch halbstündlich mit türkischem Tee versorgt. Nach der Putzerei gibt es Cola, Tomaten und Mandarinen. Alles kostenlos und irgendwie ganz selbstverständlich. Die sind echt klasse. Längst kommen wir uns wie adoptiert vor.

Am nächsten Tag ist die Inspektion dran. Nachdem wir die Batterie aufgefüllt haben, sieht Tanja, dass der benachbarte Stecker des Reglers – ein nicht ganz unwesentliches elektrisches Bauteil – verschmort ist und knapp vor dem finalen Kurzschluss steht. Was für ein Glück, dass Tanja das kaputte Ding entdeckt hat. Wenn nicht, wären wir höchstwahrscheinlich mit heftigen Folgeschäden unterwegs irgendwo liegengeblieben.

Da wir einen Ersatzregler schon von Anfang an spazieren fahren, können wir das Problem leicht beheben. Wenn auch der Stecker des motorradseitigen Kabelbaumes nicht mehr zu retten ist und nun eine improvisierte Direktverbindung für den notwendigen Stromfluss sorgt.

Kaum ist dieses eine Problem gelöst, werden wir an der Fahrzeugfront fündig. Dort sitzt eine Bremszange fest. Und zwar bombenfest. Viel Geduld, Improvisation, reichlich Kriechöl und ordentlich Schmackes sind nötig, um das gammelige Ding wieder flott zu bekommen.

Bei kleineren Tagesausflügen kann uns der neue Regler nicht überzeugen und schon gar nicht beruhigen. Nach nur 20 Kilometern wird das Ding so heiß, dass wir es nicht mehr berühren können. Das kann so nicht richtig sein. Um sicher zu gehen, bestellen wir zu Hause einen anders aufgebauten Austauschregler. Gut, dass jetzt bald die Familie angeflogen kommt, denn so können wir uns die Sachen portofrei mitbringen lassen. Wegen des wenig vertrauenswürdigen Reglers und des maladen Kettensatzes trauen wir uns mit dem Motorrad schon nicht mehr aus dem Haus. Zu groß ist die Sorge, dass unterwegs etwas Wichtiges kaputt gehen könnte. Während ich diese Zeilen auf dem Balkon unseres Hotels mit Familienanschluss schreibe, passt alles perfekt: Vom Nachbarhotel weht leises gekonntes Klarinettenspiel herüber, die Sonne scheint mild auf den Balkon, gedämpft nur durch die Pinienbäume vor dem Haus. Wir haben soeben ein ausgiebiges, selbst zubereitetes Frühstück beendet, und wieder mal wartet ein Tag voll süßem Nichtstun. Lang, lang ist es her, dass wir so viel Zeit hatten. Mehr Zeit als Pläne, was damit anzustellen ist. Glückliche Reisende, die wir sind.

Der Reisealltag sieht eigentlich anders aus: Mehr oder weniger früh aufstehen, flott frühstücken, um noch vor dem Mittag ordentlich Strecke zu machen. Spätestens bis 17.00 Uhr das Tagesziel erreichen, damit noch genügend Tageslicht bleibt, um eine Unterkunft oder einen ruhigen Zeltplatz zu finden. Wenn wir dann irgendwo für ein paar Tage Station beziehen, auch da das immer gleiche Ritual: Der erste halbe Tag geht für die Pflege des Motorrades und der Ausrüstung drauf, die nächsten Tage für Sightseeing. Vielleicht bleiben noch ein, zwei Tage zum relaxen. Sobald alles »abgegrast« ist, weiter zum nächsten Ziel. Wirklich entspannend ist das nicht. Womit der Unterschied zwischen einem »Urlaub« und einer »Reise« definiert wäre. Wir genießen jedenfalls den »Urlaub vom Reisen« und die sich langsam einstellende Entspannung in vollen Zügen.

Urlaub im Urlaub vom Reisen

Es ist soweit: »Enduroreisende goes Luxus«. Familie und Freunde kommen heute an und laden uns ein, mit ihnen eine

Woche im 5-Sterne-all-inclusive-Resort am Rande Antalyas zu verbringen. Zuvor heißt es, die tränenreiche Verabschiedung unserer Hotelbesitzer ohne allzu viel eigenes Herzensleid zu überstehen. Das ist nicht ganz einfach, denn in den drei Wochen, in denen wir meist die einzigen Gäste blieben, kamen wir uns näher. Wurden auf ungezählte Tees eingeladen und erzählten deutsch-türkisch mit Händen und Füßen von unserer Reise und unseren Plänen. Auch heute fließen wieder einige Tassen vom Cay, dem türkischen Tee, bevor wir am späten Mittag loskommen.

Vom kleinen 2-Sterne-Familienhotel in eine monströse 1.500-Bettenburg. Marmor satt, kupferne Handläufe, gläserne Fahrstühle, Restaurants, Lobbys, Glitter, Glamour und Luxus. Größer könnte der Gegensatz nicht sein. Die gigantische Poolanlage ist herrlich und macht die Entscheidung zwischen Meer und Bequemlichkeit ziemlich schwer. Meist gehen wir nur bei ordentlich Wellengang zum Meer, dann überwiegt dort der Spaß. Ansonsten sind die beheizten Pools unser Lieblingsaufenthaltssort.

Was uns wirklich aus den Socken haut, ist dieses überaus wörtlich zu verstehende »all-inclusive-Paket«, das wir so noch nie erlebt haben. Buchstäblich immer und überall kann man Essen und Getränke bekommen. Es ist noch nicht einmal notwendig, irgendwelche Karten oder Ausweise vorzuzeigen. Mund aufgemacht, Bestellung geordert, und schon rollt die Nahrung an. Die Gefahr, hier mit so manchem Pfund mehr auf den Hüften wieder abzureisen, ist enorm. Das ist also die Form von Urlaub, der so viele Deutschen frönen. Verstehen können wir das schon.

Auch die Kehrseite der Medaille ist stets präsent: Die Verbindung zum Reiseland ist fast völlig gekappt. Jedes Zimmermädchen, jeder Kellner, selbst die technischen Angestellten im Hinterhof sprechen Deutsch. Das Fernsehen ist

Deutsch, alle Hinweise und Schilder sind Deutsch, auch die Gäste sind nahezu ausschließlich Deutsche. Eigentlich könnte das gigantische Resort im norddeutschen Tiefland stehen – bis aufs fehlende Mittelmeer würde das kaum jemand wirklich bemerken. Diese Form, Urlaub zu machen, wird sicherlich nicht so bald die unsrige. Vom Reisegedanken, wie wir ihn meinen, ist dieses »luxuriöse Kasernenleben« jedenfalls meilenweit entfernt.

Nach der Völlerei und den in der Tat entspannten Tagen im Kreis der Familie packen wir unsere Siebensachen. Der mitgebrachte Austauschregler und der Kettensatz sind ruckzuck eingebaut, und nach über einem Monat, in dem wir fast schon zu Fußgängern degradiert waren, sind wir endlich wieder sorglos unterwegs. In Richtung Südwest, immer an der Küste lang.

Südküste

Links das stahlblaue Meer, rechts die rotbraunen Bergwände, dazu die wunderschöne Spätherbstsonne, die jetzt Ende November alles mit ihrem weichen Licht übergießt. Es hat meist um die 22 Grad, so haben wir uns den Herbst in der Türkei vorgestellt.

Auf einer langen Geraden oberhalb der Küste passiert es: Wir werden von einer Verkehrskontrolle zur Kasse gebeten. Mittels Laserpistole wollen die Jungs ermittelt haben, dass wir sieben Stundenkilometer zu schnell unterwegs waren. 76 türkische Lira, das sind 42 Euro, soll ich entweder sofort bezahlen oder 104 Lira, wenn ich das Land verlasse. Ich nutze all mein inzwischen erworbenes Verhandlungsgeschick aus, doch es ist vergebens. Die Polizisten erklären uns höflich, dass sie uns nicht ohne Strafe ziehen lassen könnten, da unser Vergehen auf Band gespeichert sei. Also zahlen. Das schmerzt, denn es ist das erste Knöllchen der Reise.

Ein extrem billiges Hotelzimmer in Kas hilft, wenigstens etwas von dem verlorenen Geld wieder hereinzubekommen. Kas hilft auch beim Frustabbau, denn das kleine Fischerdörfchen ist unglaublich idyllisch. Die engen Gassen und die schmalen Häuschen mit Holzbalkon erinnern an die schönsten Seiten Italiens.

Am nächsten Tag ist der Knöllchenärger verraucht, wir sind wieder genussvoll auf der Küstenstraße unterwegs. Das Verkehrsaufkommen ist bescheiden, die Straßenführung oder besser gesagt: Kurvenführung ist perfekt. Mit der Sonne im Gesicht rauschen die Kilometer unter uns nur so dahin, und viel zu schnell erreichen wir Marmaris, wo wir für einen Zwischenstopp einkehren.

Westküste und weg

Ein Tagesausflug über die 100 Kilometer lange Landzunge nach Datca sorgt abermals für abgefahrene Reifenflanken und schöne Aussichten. Im Hafen von Datca schmeckt der Cay gleich nochmal so gut, mit all den schnieken Jachten und Fischerbötchen vis-à-vis. Dann ist auch dieses Kleinod der türkischen Westküste abgegrast, und wir sitzen wieder auf dem Bike. Die 360 Kilometer bis zum Fährhafen Cesme fliegen nur so dahin. Tief entspannt rollen wir schon am Nachmittag in das verschlafene Städtchen.

Dann geht plötzlich alles ganz schnell – in einer dreiviertel Stunde legt die letzte Fähre für die nächsten drei Tage ab. Also die oder keine. In rekordverdächtiger Zeit regeln wir tausend Dinge: Tickets für Chios und die Athenpassage buchen, Pillen gegen Seekrankheit kaufen, die letzten Lira wegtauschen, uns und das Motorrad durch den Zoll und die Passkontrolle schaffen und dann noch irgendwie das Fährschiff ergattern. Wir haben die Twin noch nicht verzurrt, da brummt die Fähre auch schon los. Geschafft.

Griechenland

Chios

Nach einer dreiviertel Stunde erreicht die Fähre die Insel Chios, wo wir ein paar Stunden auf die Athenfähre warten müssen. Eine gute Gelegenheit, um mit griechischem Leben Fühlung aufzunehmen.

Die Insel Chios, noch in Sichtweite des türkischen Festlands, ist für ihre historischen Dörfer im Süden bekannt. Sagt jedenfalls der Reiseführer. Wir selbst sind jetzt am Abend eher am geschäftigen Hafentreiben interessiert. Der Döner im Straßenimbiss schmeckt bestens, wenn er ab sofort auch tunlichst Gyros Pita zu nennen ist. Die Vorbehalte zwischen Griechen und Türken sind auch für den trägsten Touristen spürbar. Spätestens dann, wenn er wie wir die Bestellung auf Türkisch abgibt. Dann wird zumindest recht unwirsch mit der Zunge geschnalzt und den Augen gerollt.

Was ist sonst noch anders? Diese Frage beschäftigt uns bei jedem Grenzübertritt, und immer noch sind wir neugierig genug und saugen alle Eindrücke auf, um ein erstes Bild von Land und Leuten zu bekommen. Döner, Gyros Pita hatten wir schon. Unser geliebter Tee ist kein Thema mehr, dafür gibt es nun griechischen Kaffee, auch sind deutlich mehr Frauen auf der Straße zu sehen. Ein ziemlich ungewohntes Bild nach Monaten in islamischen Ländern. Und wir sehen Motorräder. Richtige Motorräder und zwar massenhaft. So viele moderne, große Maschinen kamen uns schon ewig nicht mehr unter die Augen. Ganz offensichtlich verfügt der

Grieche über erheblich bessere finanzielle Möglichkeiten als der Nachbar im Osten.

Festland

Gegen 22.00 Uhr erscheint die Fähre und transportiert uns zum griechischen Festland. Dank der Tabletten haben wir eine annehmbare Nacht und kommen um 6.00 Uhr morgens in der Hafenstadt Piräus an, direkt vor den Toren Athens. Eine früh öffnende Bäckerei ist bald gefunden, und nach mehreren höllisch starken, pechschwarzen, griechischen Kaffees sind wir wach genug, um einen Plan zu entwerfen: Erst mal raus aus Athen. Wir haben überhaupt keine Lust auf anstrengende Großstadt.

Nach einer Stunde morgendlicher Rush Hour finden wir endlich den Abzweig nach Süden. Bei Isthmia verlassen wir die Autobahn und folgen der Küste bis zur Mitte einer kleinen Halbinsel unterhalb Athens. Dann geht es quer durchs Land, und ich beginne zu begreifen, warum deutsche Motorradfahrer immer wieder nach Griechenland kommen. Ein Traum von Kurven und Kehren breitet sich da vor uns aus. Andauernd fegen supersportliche Rennbikes an uns vorbei, und ich verfluche im Stillen den bundesdeutschen TÜV, der diesen Ohrenschmaus kategorisch untersagt. Ein Motorrad ohne teure, wohlklingende Zubehörschalldämpfer wäre in Griechenland einfach nicht vorstellbar.

Angestachelt von den schnellen Griechen, lasse ich unsere brave Reisemaschine auch ein wenig fliegen, bis uns ein urplötzlich wegschmierendes Vorderrad daran erinnert, dass die Kurven teilweise noch feucht sind.

Nafplio

Das kleine Häfenstädtchen am argolischen Golf gilt als eines der romantischsten und hübschesten ganz Griechenlands.

Kann wohl stimmen, stellen wir bei einem ausgiebigen Bummel fest. Hoch über dem Ort prangt eine alte Festungsanlage, die engen Gassen sind von Venedigerhäusern gesäumt. Blumenreiche Balkone, weiße Fischerboote, eine Wasserburg mitten im Hafen, gemütliche Cafés – das alles gefällt uns so gut, dass wir bleiben. Warum auch nicht? Das Wetter ist nicht gut, es regnet immer mal wieder, die Temperaturen sind schon recht frisch. Die bisher durchreisten Orte waren allesamt im Winterschlaf. Das fühlt sich so an, wie wenn man im Sommer durch entvölkerte Skidörfer fährt. Da bleiben wir doch lieber hier in Nafplio mit seiner ganzjährigen Saison. Nafplios außergewöhnliche Schönheit ist landesweit bekannt, und so wird das Städtchen an jedem Wochenende von erholungssuchenden Athenern belagert.

Das Preisniveau ist leider auch für griechische Verhältnisse hoch, doch mit unseren unterwegs erworbenen Sparstrategien finden wir auch hier die eine günstige Pension und die kleine griechische Kneipe, in der das Tellergericht noch bezahlbar ist. Mit dem eingesparten Geld leisten wir uns stundenlange Sitzblockaden in den schicken Cafés und schauen der Dorfjugend bei ihren Beschleunigungsrennen und Wheelieübungen mit ihren getunten 125ern zu.

Die kurven- und kehrenverschwenderische griechische Art, Straßen zu bauen, genießen wir bei einem herrlich »schrägen« Ausflug nach Tripolis. Die 60 Kilometer ziehen sich ziemlich, denn alle naselang bieten sich grandiose Ausblicke aufs Meer und die unter uns liegenden Kehren. In Tripolis erfreut sich Tanja an der reichlichen Menge ansässiger Juweliere, während ich von der Rückfahrt träume. Zwei Cappuccinos unter heute endlich mal wieder strahlend blauem Herbsthimmel, 20 Grad und die Aussicht auf gleich noch mal 60 Kilometer Kurve an Kurve – was braucht man mehr?

Als wir nachmittags in die Pension zurückkehren, sind neue Gäste angekommen: die Amerikaner Steven und Daphne McCormack. Als die beiden Mittvierziger von unserer Reiseroute hören, wollen sie alles ganz genau wissen. Haben sie doch einige Länder, durch die wir kamen, bisher aus Sicherheitsgründen noch nicht bereist. Jedes Jahr sind sie für einen Monat auf Achse und haben auf diese Weise schon fast ganz Südostasien abgegrast: Unter anderem Bhutan, den für Amerikaner wahrscheinlich sehr unheimlichen Iran und Turkmenistan. Doch um Kashmir in Nordindien und Pakistans Karakorum Highway zu bereisen, fehlte bislang nicht nur der Mut, sondern auch die Berichte aus erster Hand.

Bei vom Baum gepflückten, zuckersüßen Mandarinen und griechischem Kaffee sitzen wir im Garten und verbringen viel Zeit damit, Reisegeschichten auszutauschen. Als gastfreundliche Amerikaner laden sie uns ein, sie in ihrer Heimatstadt Austin in Texas zu besuchen. Dort finde alljährlich ein gewaltiges Bikermeeting statt, außerdem sei dort eine große deutsche Immigrantenszene beheimatet. Im Herbst werde regelmäßig ein zünftiges deutsches »Wurstfest« zelebriert, das wir auf keinen Fall verpassen sollten. Wird gemacht, versprechen wir.

Patra und die Fähre

Wir lassen uns heute viel Zeit, denn der Fährhafen Patra ist nur 200 Kilometer entfernt und der Ablegetermin erst um Mitternacht. So rollen wir besonders spät los und legen auf dem Weg mehrere Kaffeepausen ein.

Bei einer dieser Stopps treffen wir auf ein Pärchen aus Freiburg, die mit ihrem Mercedes-Kombi rund ums Mittelmeer unterwegs sind. Die beiden wollen genau wie wir heute noch per Fähre Griechenland verlassen. Da sie jedoch Süditalien ansteuern, müssen sie auf ein anderes Schiff. Schade.

Wir hätten gerne etwas von ihren Erfahrungen auf der afrikanischen Mittelmeerseite gehört.

Als wir in Patra ankommen, müssen wir zunächst zum Fährbüro, um unsere online gebuchten Tickets abzuholen. Danach verbringen wir einen angenehmen Abend in der lebendigen Studentenstadt und haben ausreichend Zeit, gebührend Abschied von Griechenland zu nehmen. Die wenigen Tage hier haben uns gut gefallen, und wir sind sicher, irgendwann wiederzukommen.

Kurz vor 22.00 Uhr dürfen wir an Bord. Die 32 Stunden dauernde Überfahrt nach Venedig wird ganz entgegen unserer Befürchtungen zum ungetrübten Genuss. Strahlend blauer Himmel und viel Sonne am 1. Dezember erlauben T-Shirt und sonnenbaden an Deck. Dazu ist es fast windstill und die See spiegelglatt, sodass auch unsere nicht hochseetauglichen Mägen keinen Radau schlagen.

Italien

Simone

Nun ist es ja leider nicht so, dass das italienische Frühstück seiner Reichhaltigkeit wegen berühmt ist. Immerhin aber gibt es dazu den weltbesten Cappuccino, um die Lebensgeister zu wecken. So gestärkt, machen wir uns auf den bei norditalienischer Dezemberkälte langen und ungemütlichen Heimweg Richtung Westen.

Zwischenziel ist ein kleines Dorf bei Novara. Dort wohnt Simone Marchetti, der extremreisende Guzzi-Fahrer. Am Goldenen Tempel in Amritsar in Indien trafen wir ihn, und nachdem wir gemeinsam die Grenze zu Pakistan gequert hatten, lud er uns zu sich ein. Ecco, hier sind wir.

Als wir mittags ziemlich durchgefroren bei ihm auftauchen, werden wir italienisch herzlich willkommen geheißen. Simones Mama zaubert Weltklasse-Spaghetti auf den Tisch, die Schwester verwöhnt uns mit ihrem selbst gebrannten Walnusslikör. So wie es aussieht, sind wir im siebten Feinschmecker-Himmel gelandet. Im Nu sind die schlotternden Glieder aufgetaut, eine feurige Röte überzieht unsere Wangen.

Das Glück nimmt kein Ende, denn auch am Abend wird mächtig aufgetischt. Simone, Mutter und Schwester nebst einiger Freunde haben sich zwei Tage lang damit beschäftigt, »Banja Cauda«, eine piemonteser Spezialität, auf den Tisch zu zaubern. Das Gericht ist eine sämige Soße, die auf dem Stövchen heiß gehalten wird. Sie besteht eigentlich nur aus

Anchovis, Knoblauch, Zwiebeln und Öl. Die Zutaten müssen zuvor jedoch aufwendig und mühevoll vorbereitet werden, sodass auch »eingeborene« Piemonteser nur selten in den Genuss dieser außergewöhnlichen Gaumenfreude kommen. In die würzige und aromatische Soße dippt man dann Kartoffelstückchen, Brot, Kohlrabi oder Fenchel. Ein Traum.

Nach einem langen und alkoholintensiven Abend geht es am nächsten Morgen früh und mit ordentlichem »Überhang« (der Nusslikör ist schuld) bei kaltem Nieselregen aufs Motorrad. In der Nähe Bolognas findet das Jahresabschlusstreffen des »Africa Twin Club Emiglia Romana« statt, und Simone hat uns dort als Ehrengäste angemeldet. Nach 200 frostigen Kilometern kommen wir steif gefroren an. Die Freude währt aber nicht lange, denn italienische Mopedfahrer sind wohl ganz wie die deutschen mehrheitlich Warmduscher – ganze drei Africa Twin stehen vor dem Restaurant. Die restlichen 60 Personen sind schnöde mit dem Auto angereist. Als dann noch kein einziger Sitzplatz in dem deutlich zu noblen Restaurant zu ergattern ist, wird Simone richtig sauer. Wir drei verschwinden wieder und essen stattdessen in einem gemütlichen Landgasthaus zu Mittag. Dann trennen sich unsere Wege. So groß die Sprachschwierigkeiten auch sind – Simone spricht kaum Englisch und wir kein Italienisch – auf einer »wortkargen Ebene« verstehen und mögen wir uns sehr. Im Sommer wird Simone uns besuchen kommen, denn trotz seiner vielen Reisen kennt er Deutschland so gut wie gar nicht.

Der Heimweg

Über die Alpen

Bis Verona schaffen wir es noch, bevor uns die einsetzende Dunkelheit, der fürchterlich kalte Regen und die rasch sinkenden Temperaturen in eine Unterkunft dirigieren. Bis zum niedrigsten Alpenpass, dem Brenner, sind es noch 250 Kilometer.

Am nächsten Tag wird es vor dem Brenner so kalt, dass ich aus Furcht vor überfrierender Nässe mehrmals stoppe, um die Griffigkeit des Asphalts zu testen. Gerade noch im Tageslicht schaffen wir es über die deutsche Grenze und steigen in einer süddeutschen Pension ab. Aus dem Edeka gibt es eine zünftige Brotzeit zum Abend, am Morgen erwartet uns das weltbeste Frühstücksbuffet. Das hätten wir um ein Haar verpasst, denn das deutsche Fernsehen fasziniert uns viel zu lange. Außerdem denken wir nicht mehr an die wichtigste der vielen Hausregeln: Frühstück nur von 8.00 bis 10.00 Uhr.

Noch 600 Kilometer über phantastisch ausgebaute Autobahnen, dann sind wir wieder in Bielefeld. Magenflattern, weiche Knie wie schon vor 15 Monaten. Damals verließen wir Freunde und Familie, jetzt werden wir sie wiedersehen. Ein Blick auf den Tachostand, er zeigt 50.000 Kilometer mehr an, ein letztes Mal abpacken, letzte Reisefotos mit der Familie, Lachen, Weinen, Umarmungen.

Unser großer Traum hat sich erfüllt. Wir haben ihn gelebt.

Topspots unterwegs

Eine Auflistung der beeindruckendsten, faszinierendsten Orte, Strecken und Regionen unserer Route. Absolut subjektiv!

<u>Neuseeland</u>
Bay of Islands
Ninety-Mile-Beach
Coromandel Peninsula
Farewell Spit, Collingwood (Takaka Hills)
Para Para Forest
Akaroa Peninsula
Dunedin
Otago (Mt. Cook, Lake Tekapo)

<u>Australien</u>
Sydney
Murray River (Kosziusko NP, Richtung Albury)
Phillip Island
Great Ocean Road
Adelaide
Stuart Highway
Uluru (Ayers Rock)
Darwin

<u>Malaysia</u>
Cameron Highlands
Penang

Thailand
Ao Nang
Mae Sariang
Chiang Mai
Mekong (Grenzverlauf in Richtung Vientaine, Laos)
Bangkok

Laos
Luang Prabang
Don Khong (Mekonginsel)

Kambodscha
Phnom Phen
Angkor Wat

Nepal
Kathmandu
Pokhara
Mt. Everest (Gipfelflug)

Indien
Blick aufs Taj Mahal (nicht zwingend von innen)
Goldener Tempel, Amritsar
Ladakh-Umfahrung
Hausboot-Idylle in Srinagar

Pakistan
Karakorum Highway (Khunjerab Pass, Karimabad)

Iran
Yazd (Lehmbauten, orientalische Traumhotels)
Esfahan (Si-o-Seh-Bridge, Imam Square, Basar, Imam Moschee)
Landschaft des äußersten Nordwestens, bis Tabriz.

Türkei
Ishak Pasa Sarayi bei Dogubeyazit
Van Gölü (See) bei Van
Göreme in Kappadokien
Bergstrecken im Taurus
Südküste, von Silifke bis Marmaris
Küstenort Kas, zwischen Antalya und Mugla
Südwestliche Landzunge, Marmaris bis Datca

Griechenland
Nafplio
Strecke zwischen Isthmia und Nafplio
Strecke zwischen Nafplio und Tripolis

»Wie war's?«

Eine Frage, die neuerdings anscheinend zwingend zur Begrüßung gehört. Die Intention dahinter ist auch sicher gut gemeint. Was sollen verlegen dreinblickende Freunde, Verwandte und Bekannte nach so langer Zeit auch sagen?

Ein schlichtes »Toll!« wird vom Fragenden zwar gerne gehört, einer solchen Reise wird man damit jedoch kaum gerecht. Extrem viele und noch dazu sehr unterschiedliche Erfahrungen lassen sich nicht auf einen simplen Nenner zurechtstutzen.

Besser ist da schon die Frage: »Habt ihr euch irgendwie verändert?« Eine Erwartung, nicht nur von den Daheimgebliebenen, sondern auch von vielen Reisenden selbst. Auch wir haben natürlich eine solche Veränderung erwartet. Tatsächlich sind wir durch die Reise sicher etwas selbstbewusster geworden. Ruhen mehr in uns, sozusagen. Genießen das Leben noch intensiver. Grundsätzlich glauben wir aber, uns nur wenig verändert zu haben. Wir sind der Meinung, auch schon vor der Reise bewusst gelebt und ziemlich zufrieden mit unserem Leben gewesen zu sein.

Die spannendste und ergiebigste Frage (wird nur selten gestellt) ist die nach neuen Erkenntnissen. Denn davon haben wir reichlich gewonnen. Wir haben viel über uns, unsere Art zu reisen, unsere Vorlieben und Abneigungen erfahren.

Erkenntnisse und Erfahrungen

»Wir sind keine Abenteurer.« Besonders abenteuerliche Regionen machten uns stets mehr Stress und Angst als Spaß. Dritte-Welt-Reisende werden wir so wohl nie.

»Motorradreisen ist auch zukünftig das Richtige für uns.« Die vielen Radfahrer, Backpacker und Autoreisenden, die wir trafen, bestätigten immer wieder unsere Art des Reisens. Nicht so langsam und mühsam wie mit dem Fahrrad, nicht so abgeschirmt wie mit dem Auto, nicht so unbeweglich wie als Rucksackreisender. Motorradreisen, das passt.

»Ein Jahr ist genug.« Trotz langsamen Reisens, vielen Auszeiten und wenig Reisestress bemerkten wir beide irgendwann, dass die Luft raus war. Dass da kaum noch Neugier war, dass das Reisen zu einer Art Routine verkommen war. Ungefähr ein Jahr waren wir zu dem Zeitpunkt auf Achse.

»Menschen sind das Wichtigste.« Die vielen freundlichen Menschen in Neuseeland und Australien waren eine der besten Erfahrungen auf der Reise. Die Gastfreundschaft und Herzlichkeit der unterwegs getroffenen Menschen hat uns mehr als alles andere bewegt.

Am Ende eines Gesprächs kommt oft die abschließende Frage: »Und? Würdet ihr es denn noch mal machen?« Die Antwort ist einfach: »Ja!«

Was wird?

Gegen Ende der Reise ist uns klar geworden, dass wir zwar nun erst mal genug vom Unterwegssein haben, trotzdem aber noch einmal los müssen. Wir sind einfach nicht »fertig« geworden. Wir haben längst noch nicht alle Landschaften gesehen, längst noch nicht alle Abenteuer erlebt und vor allem längst noch nicht all die Menschen kennen gelernt, die es sich zu treffen lohnen würde.

Aus den Erfahrungen schöpfend, wissen wir jetzt sehr viel besser, wie die nächste große Reise grundsätzlich aussehen sollte. Da wir mittlerweile davon überzeugt sind, dass ein ähnlicher Kulturkreis wichtig ist, um mit den Menschen vor Ort besser in Kontakt zu kommen, soll das Ziel in der »westlichen« Welt liegen. Die Reise wird uns deshalb nach Nordamerika, Kanada und Alaska führen.

Weil sich auf unserer Tour zunehmend eine gewisse Reisemüdigkeit entwickelt hat, werden wir die Dauer der nächsten Reise auf ein Jahr beschränken.

Die Honda Africa Twin hat sich zwar sehr bewährt, doch die Platzverhältnisse waren ein wenig beengt. Deshalb werden wir die US-Reise mit einer bequemeren BMW unternehmen.

Wir rechnen mit sechs bis sieben Jahren Vorlauf, bis wir erneut aufbrechen können. Asketisches Sparen und sich damit jeder Freude zu berauben, ist unsere Sache nicht. Deshalb werden wir auch weiterhin verreisen und im Motorradsattel unterwegs sein. Schließlich sind auch auf unserer Europakarte noch viele weiße Flecken, die es zu reduzieren gilt.

Auswertung einer »halben« Weltreise

Finanzielle Statistik

- Gesamtkosten: 33.448,00 €, entspricht 74,49 € täglich.

- Reine Reisekosten: 29.436,00 €, entspricht 65,56 € täglich. Bei den reinen Reisekosten fehlen die persönlichen Ausgaben für Geschenke, Souvenirs usw. Sie sind die Kosten, die für unsere Reise absolut notwendig waren.

- Reine Tageskosten: 18.886,00 €, entspricht 42,06 € täglich. Bei den reinen Tageskosten fehlen die Aufwendungen zum Transport für Motorräder und Personen sowie die Kosten für Visa usw. Sie sind für diejenigen interessant, die ohne Motorfahrzeug reisen, beispielsweise mit Rucksack oder Fahrrad.

- Übernachtungskosten: 5.450,80 €, entspricht 12,14 € täglich. Diese Kosten sind in den oben genannten enthalten. Sie sollen deshalb nur eine informelle Ergänzung darstellen.

- Durchschnittliche Übernachtungskosten: Neuseeland (15,80 €), Australien (15,29 €), Malaysia (10,23 €), Thailand (8,60 €), Laos (7,50 €), Kambodscha (9,00 €), Nepal (6,27 €), Indien (7,23 €), Pakistan (7,59 €), Iran (15,88 €), Türkei (10,83 €), Griechenland (35,00 €), Heimweg (17,14 €).

Reise-Statistik

- Reisedauer: 449 Tage, ca. 15 Monate
- Bereiste Länder: 13
- Kontinente: 3 (Australien, Asien, Europa)
- Kilometer-Leistung: 49.042 Kilometer
- Reisedauer (in Tagen/Kilometerleistung):

Neuseeland (121/12.198), Australien (72/10.852), Malaysia (24/1.998), Thailand (50/4.982), Laos (19/1.717), Kambodscha (8/1.103), Nepal (15/998), Indien (38/2.620), Pakistan (23/4.620), Iran (11/2.520), Türkei (53/3.593), Griechenland (9/529), Heimweg (6/1.672).

Motorrad-Statistik

- Verschleiß

4 Sätze Reifen
2 Kettensätze
1 Lenkkopflager
2 Lager Hinterrad, 1 Lager Vorderrad
2 Sätze Bremsbeläge vorne, 1 Satz Bremsbeläge hinten
Ruckdämpferelemente Hinterrad
Chokezüge komplett

- Schäden

Kofferträger nach Sturz verbogen
GPS-Bordstromkabel defekt
2 Spiegel
linke Sozius-Fußraste
Regler

- Pannen

Korrodierter Not-aus-Schalter unterbricht Zündfunken
Unbemerkter Diesel im Tank sorgt für absterbenden Motorlauf
2 platte Vorderreifen

Dankesworte

Wir haben vor, während und nach der Reise so vielen Menschen so vieles zu verdanken, hoffentlich vergessen wir keinen.

Mein allergrößter Dank gilt meiner Seelenverwandten Tanja. Ohne meine Frau gäbe es nichts zu berichten. Ohne sie hätte die Reise niemals stattgefunden. Nie hätte ich den Mut aufgebracht, alleine loszuziehen. Danke dafür.

Unserem Draht in die Heimat, besten Freund und Mädchen für alles, Thomas Scheithauer, können wir niemals genug danken. Soviel Bratfisch mit Senfsoße und Cappuccino gibt es gar nicht, dass wir jemals wieder quitt würden.

Unsere Familien nehmen natürlich einen Sonderplatz ein. Großherzig ließen sie uns ziehen, obwohl ihnen – genau wie uns – ganz schön mulmig war bei dem Gedanken, einander so lange Zeit nicht zu sehen.

Klaus und Mark Reichmann. Der lebende Beweis dafür, dass das Internet eben doch einen handfesten Nutzen hat. Ohne Bits and Bytes hätten wir uns vermutlich nie kennen gelernt. Die Homepage wäre ohne die Hilfe der beiden nie so schick und stets aktuell gewesen. Marmorkuchen und Vergasersynchronisationen auf Lebenszeit haben sie bei uns gut.

Unserer Dankbarkeit dürfen außerdem noch sicher sein:
Mein ehemaliger Vorgesetzter, Karsten Beckmann, der mir das Kästchen für die Länge der Beurlaubung offen ließ und so dafür sorgte, dass aus einem Jahr fünfzehn Monate wurden.

All die großzügigen Menschen, die ihre Häuser für uns öffneten. Das sind:

Die Neuseeländer: John & Margo (Whitianga), Johanna & Franziska und Maike (Napier), Wilfried & Alyson, Mark & Judy, Peer & Liz (Wellington), Joanne & Robin (Le Bons Bay), Doris & Malcolm (Christchurch), Phillipa & John (Otematata), die Farmersleute Michael & Pip (Wanaka), Toddy & Gale (Te Anau), Faye & Andy (Levin) und Clare & Warren (Hamilton).

Die Australier: Greg (Sydney), Heidi & Mark (Kempsey), Judy & Malcolm (Albury), Sally & Chris (Melbourne), Paulette & John (Adelaide), Geoff & Judy (Darwin).

Die vielen, vielen Menschen in all den anderen Ländern, die uns durch ihre Hilfsbereitschaft und Freundlichkeit beeindruckten. Kein Land auf unserer Route, auf der nicht zumindest eine Handvoll dieser gastfreundlichen Spezies unseren Weg kreuzte.

Besonders wichtig waren uns auch immer wieder die gleichgesinnten Reisenden die wir trafen. Manche waren uns ein Vorbild, manche nicht. Manche brachten uns auf neue Ideen und hatten gute Tipps für uns. Manche machten neuen Mut, manche zogen uns runter. Manche beeindruckten uns und manche auch nicht. Doch langweilig, das war es mit keinem von ihnen.

Zu guter Letzt gibt es da noch die vielen netten Menschen, die hinter den großen Namen stehen und die uns durch ihre Unterstützung sehr geholfen haben:

Matthias Kroner (Rukka)
Herr Voigt (Continental)
Frau Walz (Schuberth)
Ralf Mansfeld (Götz-Motorsport)

Mitarbeiter von Touratech
Kai Liebisch (Motobau)
Matthias Klein (Ka-Flex)
Mitarbeiter von Otterbox
Olaf Kleinknecht (In-Time)
Stephan Jaspers (African Queens)
Gerd Jungbluth (Jungbluth-Sitzbänke)
Klaus und Mark Reichmann (Reisen Reichmann)
Ralf Petersen (RPX)
Gäste und Team von »Günters Kurve«
Dieter Nowack & Michael Barda (Fulland-Zweiräder)

Ihnen/Euch allen: vielen Dank!

Christian und Tanja Schulze

Christian Schulze (Text und Fotos) wurde 1972 geboren und absolvierte zunächst eine Bäckerlehre. Danach folgten Jobs als Staplerfahrer, Lagerarbeiter, Anstreicher, Postausfahrer und Finanzkaufmann. Nach einer Ausbildung zum Krankenpfleger ist Christian heute als Bezugsmitarbeiter in einer Wohngruppe für drogenabhängige Menschen tätig.

Tanja Schulze (Fotos), Baujahr 1966, arbeitete ab 1997 als Altenpflegerin in einem Altersheim, ab 2003 in einer Senioren-Wohngruppe. Im Sommer 2007 wechselte sie in die Kunststoffindustrie.

Christian und Tanja Schulze sind seit 1995 verheiratet und wohnen zusammen mit ihrem Terrier »Püppi« in Bielefeld. Für die nächsten Jahre ist die Fortsetzung ihrer »halben Weltreise« auf dem amerikanischen Kontinent geplant. Ihre Reiseerfahrungen sind unter www.enduroreisende.de nachzulesen.

Erstklassig
auf allen
Strassen
rukka®
Allroad Jacke 79238 725R, Hosen 79239 725R
www.rukka.com

Canning Stock Route
HIGHLIGHTSVERLAG
Jörg Becker und Andreas Hülsmann
Spurensuche
Auf der legendären Canning Stock Route
durch das Outback Australiens
rukka

»Das Sympathische an dem Buch ist, dass die sieben umfangreichen Geschichten aus sieben Kontinenten nicht nur reine Biker-Lektüre sind; obwohl die Texte natürlich eine Menge Tipps enthalten und von mancher motorradtypischen Schwierigkeit erzählen, spiegeln sie vor allem Land und Leute der bereisten Regionen wider. Denn bekannterweise gibt es neben dem Motorrad keine andere motorisierte Fortbewegung, die unmittelbaren Kontakt und direktes Erleben auf so ungefilterte Art und Weise erlaubt.«

Tobias Opitz
»Süddeutsche Zeitung«

7 Kontinente
Motorrad-Abenteuer rund um den Globus
gebunden mit Schutzumschlag
336 Seiten, 32 Farbfotos

»Von einem Tag auf den anderen verändert sich das Leben zweier Afrika-Kenner dramatisch. Er gerät in die Gefangenschaft militanter Fundamentalisten, sie ist zu Hause und bangt um sein Leben.
In ihrem Buch »177 TAGE ANGST« schildern Sahara-Geisel Rainer Bracht und seine Ehefrau Petra die Vorgänge während der Geiselnahme in der algerischen Sahara aus zwei ganz unterschiedlichen Perspektiven.«

Martin Schempp
»Highlights-Verlag«

177 Tage Angst
Was in Algerien und zu Hause wirklich geschah
Taschenbuchausgabe mit Umschlagklappen
248 Seiten, 18 Farbfotos

»Vor allem die Beschreibungen über das, was beim Motorradfahren im Kopf passiert, beim Durchqueren von Landschaften, bei Begegnungen mit Menschen, machen dieses Buch lesenswert. Die Geschichte des Autors regt zum Nachahmen ein, Motorradfahren nicht als sportliche Herausforderung zu sehen, sondern als Mittel, die Augen und Ohren zu öffnen, genauer hinzuschauen. Dieses Buch zeigt, dass es nicht immer die große Tour, die Weltreise sein muss.«

Claudia Hülsmann
»MotorradABENTEUER«

Tausche Bürostuhl gegen Motorradsattel
In drei Monaten mit dem Motorrad rund um Deutschland
Taschenbuchausgabe
224 Seiten